新世紀叢書

當代重要思潮・人文心靈・宗教・社會文化關懷

日本的森林哲學

【目錄】本書總頁數288頁

第一章 日本的宗教
——了解日本的文化

第1部 日本的信仰

第2部 日本的佛教

第四章 拯救人類的「森林思想」

1

日本的宗教

了解日本的文化

第1部　日本的信仰

做為習俗的日本宗教

舉凡要了解一國的文化，必須先了解該國的宗教，這是理所當然的事。

例如，要認識歐洲文化，應先認識歐洲的宗教，亦即基督宗教；要了解阿拉伯文化，得先了解阿拉伯的宗教，也就是伊斯蘭教。想當然爾，若要了解日本文化，必先對日本的宗教有所認識才行。

話雖如此，欲了解日本的宗教卻相當不易，因為它和基督宗教、伊斯蘭教不同，採用尋常的方法是行不通的。這正是日本宗教的特徵。

一般來說，只要閱讀基督宗教和伊斯蘭教的聖典，就能對各該宗教產生某種程度的認識。至於日本的宗教，主要指的是傳統上日本人所信仰的神道與佛教。日本固然也有基督徒與穆斯林，但整體來說畢竟只是少數。因此，在思考日本的宗教時，對於神道和佛教的了解必須放在首位。然而就算如此，日本的神道與佛教仍無法以一般方法來理解，因為，在稱為日本神道的信仰裡，並不存在相當於基督宗教《聖經》的典籍。

至於日本的佛教，當然有不少典律，其中也不乏祖師執筆的著作。但日本佛教宗派雜陳，宗派不同，經典也就殊異。因此，把新舊約讀一遍大致上就能了解基督宗教；要對伊斯蘭教有基本認識就看一看《古蘭經》的方法，並不適用於日本佛教。更何況，日本的宗教與其說是概念，不妨視為已變成習俗了。

於是，日本的宗教裡既有佛教、神道教的內涵，也有基督宗教的色彩。這些元素整合起來，形成渾然一體的日本宗教。大家都知道，宗教在日本人的日常生活中有著使用情境的區分。許多人在參拜神社和結婚典禮時用的是神道，而喪禮卻以佛教來舉行。換言之，關於生，採取了神道儀式，關於死，用的卻是佛教傳統。另外，十二月二十五日這天也有慶祝耶誕節的習慣。也就是說，各種宗教的實質都已融入日本人的風俗習慣之中，而非思想與經典這些形式上的東西。日本宗教的研究會這麼困難，原因正在於此。

事實上，今天還是我第一次談「日本的宗教」如此漫泛、籠統的題目呢！

過去我學的是西洋哲學。來自石川縣的西田幾多郎①先生，是非常傑出的哲學家。我從舊制高中時代起，就非常愛讀他的著作。而那也決定了我一生的方向。我想各位都知道，西田先生運用西洋哲學的語彙來闡述他對禪的體驗，創造出極為獨特的西田哲學。基於對他的仰慕，我進入京都大學就讀，先生卻在我入學之際仙逝，因而無緣直接受教於他。不過，至今我仍萬分尊崇先生，將他視為人生道路上的導師。不以介紹西洋哲學為滿足的西田先生，後來發展出結合西洋與東洋思想的新哲學。

然而，西田先生去世後，京都大學的哲學研究開始重西洋廢東洋；不再著重日本與東洋的思想，認為只要專注於西洋研究就好。這種傾向愈來

①西田幾多郎（1870-1945），哲學家、京都大學教授，開創京都學派。一九四〇年獲日本文化勳章。

愈強烈，讓我體認到：如此一來，已無法研究我認為真正意義上的哲學，於是在三十五歲左右轉換跑道，鑽研日本思想。問題是，要在日本找出能與西洋哲學匹敵的東西非常困難。談思想，也必須論及宗教、藝術裡的思想才行。所以我的日本研究以宗教與藝術為主軸，並將觸角延伸至歷史領域，最後，邁向日本文化的整體研究。

西田先生將東西洋融合為一時，把禪的體驗置放在根本之處。我的方法則與研究西洋學問時無異：先將東洋的東西歸零，再從頭出發。原本專精西洋哲學的西田先生後來透過體驗領悟出東洋哲學的精髓。相對地，一開始我就不把禪視為東洋哲學的前提，而想用一雙赤裸的眼睛觀察東洋與日本的思想，故在三十五歲時轉向日本研究。

起初從佛教著手，接著涉獵文學與歷史範疇，近年來我也開始關注愛奴與沖繩文化。悠悠三十載過去，如今，終於能以通盤的眼光看待日本的宗教了。

今天我要在此談一個過去人們都不敢、或沒有提到的問題，那就是：整體而言，日本的宗教究竟是什麼？拜訪過已故西田先生的故鄉，也曾領受先生的教誨，至今仍對他非常景仰，但我終究選擇了一條有別於他的道路，而這就是我要獻給他的報告。

透過第一、二部的兩回演講，我要探討的是日本宗教的真貌。先談日本的神道，再論日本的佛教。這個課題非常艱鉅，我的談話恐怕不盡周全。但至少希望能為自己或往後的人們，提供一個思考的出發點。

明治以降的日本神道

首先我要談談日本神道。其實我對日本神道並不非常了解。誠如前面說的，它幾乎沒有像《聖經》那樣的東西，而且也已經巧妙融入日本人生活當中且世俗化了。因此，在思想上它究竟是什麼，相當不容易掌握。

同時，日本次的神道在歷史上也曾有過非常大的變化。一次是在近代國家成立時，另一次則是七、八世紀律令國家成立期。換言之，日本的神道在明治以降的近代國家成立期，以及律令國家的成立期都曾發生重大改變。

研究曾發生重大變革的神道固然非常重要，但我的興趣並不在明治以後和律令時代以降的神道，而是更早以前、日本列島盛行的宗教形貌。為此，兩次宗教改革到底改變了什麼？破壞了什麼？留下來的又是什麼？是我必須思考的事。

就像人們常說的那樣，明治以降的神道是國家的神道。奠定這個國家神道基礎的人，是江戶後期的國學者平田篤胤②。平田所創的神道在明治以降被採用為國家的神道。平田神道原有眾多面向，但我個人認為最主要被繼承、發展的是偏向國家主義的部分。

明治以降的日本神道就像伊勢神宮、明治神宮和靖國神社所象徵的，認為日本是神國、神的國度，即世界之冠的國家。為這個國家犧牲生命的

②平田篤胤（1776-1843），江戶後期的國學者、神道家、思想家、醫生。「國學」指日本江戶時期的民間學術。不同於幕府時期所倡導的日本朱子學和蘭學，國學著重於研究古代日本的文學與神道，並排除儒家與佛教之影響。

人，會被供奉在靖國神社裡祭拜，成為永遠的護國神明。日本的神道就是以此為基本概念發展。

如此的神道確實殘留著日本古代信仰的餘緒。人終有一死，死後都會變成神，這就是日本自古以來的信仰。明治以降的神道固然也包含了這種觀念，但終究與明治國家該如何發展的課題緊密連結。明治時代是國家主義的時代。在歐洲，國家主義也很盛行。誠如十七世紀英國思想家霍布斯③所言，國家這個東西是名為利維坦④的怪物。

換言之，國家主義的思考是一種要求絕對崇拜的怪物。這在歐洲，從十九世紀末到二十世紀初都具有支配性意義。因此，那時從鎖國中解放的日本，無法不受該思想的影響。

與該想法相近者是所謂的平田神道，而把平田神道變得更傾向國家主義的就是明治的神道。但是，平田神道並不僅限於國家主義，也有其他層面；平田篤胤對於人死後要往哪裡去的議題非常關心。他也和柳田國男、折口信夫一樣，具有民俗學的色彩。

但是，日本的國家神道卻切割了上述面向，僅採用平田神道中國家主義的部分，並使之更合理化。或許明治時代的日本為了在國際社會上生存，這是必要的宗教改革。

但這就好比相對於天主教的基督新教一樣，我們若要深入探討日本的神道，就必須超越明治國家主義思想，進一步探討根源之所在，也就是繩文時代以來的信仰才行。

③ 霍布斯（Thomas Hobbes, 1588-1679），英國政治哲學家，一六五一年出版《利維坦》（*Leviathan*）一書，系統性地闡述國家學說，探討社會結構，是西方最具影響力的政治哲學著作之一。

④ 「利維坦」原為《舊約聖經》中記載的一種怪獸，在此比喻強勢的國家。

律令時代的國家神道──滌淨（禊）⑤與除穢（祓）⑥

接下來，我要思考的問題是前面提到的七、八世紀宗教改革。

日本的神道可另追溯至律令神道。我剛才說：日本的神道沒有聖經。但若廣義一點來講，日本神道還是有聖經的，那就是《古事記》⑦和祝詞⑧。不過，上山春平⑨和我的研究都認為：《古事記》及祝詞所闡述的神道，與其說是自古以來的日本信仰，毋寧說是律令時代製造出來的產物。至少，這種神道是律令時代國家神道化的。

一言以蔽之，《古事記》和祝詞裡闡述的神道中心思想就是滌淨與除穢。直到現在，神主⑩仍必定會除穢。清除汙穢、潔淨內心，被視為日本神道的重要思想。或者，也可說為了去除汙穢而進行滌淨儀式。

原本滌淨時使用的是海水，但自從日本人的祖先自海上登陸後，就開始使用河水了。海的滌淨遺留下以鹽取潔的習慣。相撲選手上土俵⑪時不都會撒鹽嗎？因為鹽具有潔淨的作用，保留了大海滌淨的意涵，因此，禊祓⑫的神道就慢慢被視為日本神道的中心思想了。長久以來我也抱持這樣的看法。《古事記》裡亦明確闡述著禊祓的思想。

---

⑤漢字「禊」（音：misogi），是日本神道中以水淨化的儀式，在此譯為滌淨。以下同。
⑥漢字「祓」（音：harai），是日本神道中除穢或除罪的儀式，在此譯為除穢。以下同。
⑦《古事記》是日本最早的歷史書，完成於西元七一二年。
⑧祝詞為祈禱文，或讚頌神明的話語。
⑨上山春平（1921-2012），哲學家、京都大學榮譽教授。
⑩神主是日本神道中神社裡的祭司。
⑪土俵指日本相撲比賽時決勝負的場地。用裝有土的草袋圍成一圈，裡面撒滿沙子。
⑫禊祓原來分指神道中禊與祓這兩個不同儀式，後來被合併成一個詞彙，即禊祓。

伊邪那岐命⑬和伊邪那美命⑭創造了日本這個國家，最後又生了天照大神⑮、月讀尊⑯、須佐之男命⑰三位高貴的神子對吧！其實，把他們三個生出來的是伊邪那岐命。伊邪那岐命先追隨亡故的伊邪那美命而去，後來自黃泉國歸來時，做了除穢的淨化儀式，由此取潔禮所出生的就是上述三神。因此，這三位尊貴的神祇即是誕生於禊祓之中。

後來，須佐之男命因行事粗暴蠻橫而被天照大神放逐。像這樣，滌淨與除穢就成為《古事記》的基本思想，而具體表達其觀念的是祝詞。祝詞當中最重要的稱作大祓⑱。後來，《古事記》與大祓的祝詞一體化，架構出日本神道的基本思想。

由於遠古的天照大神等三位高貴神明由滌淨中誕生，因此在日本人的固有觀念中，禊祓的神道是自太古以來就存在的宗教。然經過各種調查，我發現這相對而言是較為晚近才開始的習慣。它被列入宮廷儀式大約是在天武天皇（?至六八六年）時，而從大寶律令成立的大寶元年（七〇一年）起，禊祓才正式法制化。如此說來，禊祓的神道應該是和律令體制的成立一起變為國家神道的。

禊祓的神道為何會在律令體制下發達起來？談到這個，必須知道的是：律令體制中最重的刑罰是死亡。但是，日本人不大喜歡死刑，重罪者最多流放。至於流放，就是驅邪、除穢的意思。

---

⑬伊邪那岐命，日本神話中開天闢地的神祇，與妹妹伊邪那美命被視為第七代的兄妹神祇，並且是日本諸島、諸神的創造者。

⑭伊邪那美命，參前註。

⑮天照大神，日本神話中高天原的統治者與太陽神，被奉為日本天皇的始祖，也是神道最高神祇。

⑯月讀尊，日本神話中掌管夜之國的神祇。

⑰須佐之男命，日本神話中掌管海洋之神祇。性格變化無常，時而凶暴時而英勇。

⑱祓，參前註⑥。大祓，為除卻天下萬民之汙穢與罪惡，於每年六月和十二月的最後一日舉行。

日語至今仍有「變成廢棄品」⑲的說法，原是流放之罪。須佐之男命被放逐，等於「變成廢棄品」了。另外，也有「被砍頭」的說法，但不是真的被殺掉，而是指被解雇。可見律令思想至今仍以這些方式留在現代人的日常生活當中。若仔細讀大祓的祝詞，便了解為何會叫心懷罪疚的人每半年、即六月和十二月的最後一日先淨化取潔，然後把積存在腹部的罪惡全部吐出來。我想，這是一種審判權的宣示，意思是說：「權力」對你們的罪惡都一清二楚，以後不要再做壞事了。

時間不夠，我沒辦法說得很詳細。總之，根據上述內容，禊祓被視為日本神道一直以來的基本思想，但我認為這是在七、八世紀才完成的新神道。因為禊祓的概念，多處應該是引進了道教的思想，並配合律令體制所得到的結果。

眾多研究成果的綜合與推論

於是，若要闡明日本的原始信仰，除了得先剔除明治以降的國家主義神道，還必須拿掉七、八世紀律令國家成立時的神道才行。如此，剩下的究竟是什麼，留下了怎樣的信仰，表現出何種世界觀，方為問題的核心所在。

我認為要釐清這些問題，一般的方法行不通。想了解律令之前日本的

⑲原指伊勢神宮的神師把神符分配給信眾時使用的箱子。因神符每年都會更新，故後來被轉用於企業解雇員工，或將廢棄品丟掉之意。

宗教與世界觀，必須綜合各領域的學問。而綜合的又是哪些學問呢？首先還是要以日本的古典為依歸。

無需贅言，有必要參考《古事記》、《日本書紀》、祝詞、《萬葉集》，甚至是《風土記》等諸多古老的文獻。光是這些還不夠，想知道文獻以前的世界，還得仰賴各個學門的輔助。

第一是考古學。最初在日本創設考古學的是演化論學者莫斯⑳。他是一位外聘的外籍教師，發現了大森貝塚㉑。戰後，考古學急速發展，日本各地都被開發，挖出許多遺跡來。考古學的成果給我們非常大的啟發。

接著必須借助人類學的研究成果。人類學分為自然人類學與文化人類學。戰後，文化人類學大為興盛，自然人類學也有驚人的發展。

據說自然人類學之所以得到重大發展，原因之一就是因為大型電腦的出現。電腦簡化了處理大量資料時的複雜計算，再加上遺傳基因與分子的研究，使自然人類學獲致飛躍性的進步。這項成果也必須納入我們的研究方法。

接下來是民俗學。這是柳田國男、折口信夫開創的學問。明治以降，日本的自然科學界誕生了許多世界級水準的學者，但是在人文學科領域，能為後世留下豐功偉業的人並不多。西田幾多郎與和辻哲郎等人固然有卓越的成就，但我認為就影響力而言，不及柳田和折口。柳田、折口這兩位天才所創設的日本民俗學，實在是非常了不起的學問。他們真正想要了解的是日本人的靈魂。

日本人的靈魂深處究竟埋藏著什麼？絕對不是佛教，也不是神道。那

⑳ 莫斯（Edward Sylvester Morse, 1838-1925），美國的動物學者。為採集標本來日本，後來發掘大森貝塚。也是系統性地將達爾文演化論介紹給日本的人。

㉑ 大森貝塚，繩文時代後期至末期的貝塚，位於東京都品川區至大田區一帶。亦稱莫斯貝塚。

種無論如何都想得知真相的熱情，最終研究出精采的成果。他們的研究範疇甚廣，有隱棲山中的仙人、傳承的祭典節慶，也包含沖繩文化。對此，我們必須加以重視，並納入自己的研究範疇。

然而，光是上述這些仍然不夠，還必須參考發展於歐洲的比較神話學、比較宗教學。

另外，近來我對埃及與美索不達米亞的文明深感興趣，我認為現在正在發展一種新的學門，就是埃及學和美索不達米亞學。在日本，三笠宮崇仁殿下㉒可說是這領域開疆拓土的先驅吧！

我認為若要徹底追索西洋文明的起源，必須從埃及和美索不達米亞文明著手。過去，一般的做法都從希臘和以色列文明開始，但我並不以為然，我的看法是：埃及和美索不達米亞文明才是西洋文明的起源。

再者，我正在閱讀《吉爾伽美什史詩》（*The Epic of Gilgamesh*）㉓，這是一部敘事詩，有古代東方最偉大的文學作品之稱。但我才剛開始研究而已。與民俗學不同，是以楔形文字刻在泥版上的，因此能夠確知成立時期。透過它可了解五千年前的美索不達米亞人和埃及人的想法。而且，以柳田、折口的民俗學為背景來閱讀這些敘事詩，饒富興味，因為裡面敘述的和柳田、折口想描繪的是相同的世界。

承上所言，若想認識西元七、八世紀以前日本人的信仰與內心深處的世界觀，必須綜合前面提及的各種學問，並做進一步推論。有考古學的基

㉒三笠宮崇仁殿下（1915.12.02-今），日本皇族與歷史學家，專攻古代東方史。為大正天皇與貞明皇后的第四皇子。現任天皇明仁的叔父。

㉓《吉爾伽美什史詩》是目前所發現最早的英雄史詩，美索不達米亞文學作品。所述歷史據稱在西元前二七〇〇年至二五〇〇年之間。主要講述蘇美爾時代英雄吉爾伽美什的傳說，亦彙集了兩河流域的諸多神話，共三千多行。最早版本是用楔形文字刻在泥版上的。

礎，只能懂一點點，光靠歷史學或民俗學也不夠，唯有將各學門的研究成果全累積起來才行。這既是高度哲學性的工作，也是哲學獨特的工作。

這個邏輯看似有些跳躍，但我要參考前述學問做一個籠統而基礎的概述。今天談的真的只是個簡單的框架，今後還有許多內涵必須一一補足。

日本列島——從舊石器到繩文

要思索自西元七、八世紀律令國家成立便流淌在日本人心靈深處的宗教內涵，必須先了解日本是個怎樣的國家，以及這個國家是如何誕生的。

想要弄清楚這件事，無庸置疑有所幫助的是《古事記》、《日本書紀》、祝詞、《風土記》、《古語拾遺》等文獻資料。但光有這些並不夠，也必須借助剛才提及的諸多學門。此時，最有裨益的還是考古學與自然人類學的研究成果。考古學與自然人類學都提出了以下這個幾乎無誤的結論。

首先，日本列島比過去普遍所認為在更早之前就有人居住了，但此事大約到戰後才變得明確。戰前的定論是：日本並沒有舊石器時代。中國發現了許多舊石器時代的遺跡，然而日本卻沒有。照理說十分奇怪，但不知為何，過去一直持續著這樣的說法。

然而，眾所周知地，昭和二十一（1946）年，相澤忠洋先生在群馬縣新田郡（現在的綠市）的岩宿地方，從關東火山灰層發現了石器文化層遺跡。

過去他一邊以賣納豆維生，一邊以完全自學的方式研究考古學。即便發現了舊石器遺跡，然一開始根本無人理會。直到三年後明治大學展開挖掘調查後才受到認同，顛覆了過去日本沒有舊石器時代的固有說法。

有了這個開始之後，日本各地都接連不斷地發現石器。人通常不願意去看擺在眼前的真理；也就是不願意用自己的眼睛看，卻用學界領導者的眼睛去看。相澤先生不同，他懂得用自己新奇的雙眼去觀察，於是得以發現岩宿遺跡。我認為做學問終究需要一雙赤裸的眼睛。有很長一段時間，相澤先生甚至被貶抑為詐欺犯。所幸後來終於受到肯定。他真是了不起。

不過，裡面並沒發現人類骨骸。或因日本不夠乾燥，東西容易腐敗，人骨無法保留下來吧！找到的是距今十萬至二十萬年前的遺跡，說明了日本列島自遠古時代起就有人居住。

繩文文化——成熟的狩獵採集文化

接著，日本列島各地都發現了一萬兩千年前的土器，名為繩文土器。誠如「繩文」字面所示，是將樹木的纖維編成繩子，纏繞在土器上面，以形成紋樣的意思。一般認為使用這種器具的文化成熟度相當高。當然，那是狩獵採集的時代，人們依賴狩獵採集維生。

設想人類的歷史以一百萬年計，其中九十九萬年都以狩獵採集的型態生活。關於農耕畜牧的發明有各種不同說法，但不管再怎樣往前追溯，最多就是一萬年前的事。所以，人類歷史的百分之九十九都是狩獵採集的時代。原本狩獵採集文化幾乎都無伴隨著土器，故使用土器的狩獵採集文化就顯得相當成熟。土器在生活中極有用處，有了土器，最先改變的就是飲食生活。

原本是生食或烤食，有土器便可煮熟食用。說起來，我們日本料理多為烹煮的料理，也是有湯汁的料理。先民們把橡實㉔磨粉，製成糰子煮熟，再加入魚、肉，便成風味獨具的佳餚。

另外，繩文時代的樹木文化也非常發達。樹木不僅是生活用具，也被視為聖物，這些事實都可從繩文遺跡中得知。進一步來看繩文的祭祀遺跡或繩文土器的形狀、花樣，也能確知他們過著頗高的精神生活。

上述的繩文文化主要在東日本源起、展開。因為東日本有很多結橡實的樹木，並且非常適合狩獵。此外，東日本有逆流而上的鮭魚和鱒魚。實在沒有什麼比逆流而上的鮭魚和鱒魚更容易捕獲的了，甚至連小孩子都捉得到。鮭魚做成魚乾，或經燻製保存起來儲備過冬。如此，以東日本為中心的文化大約持續了一萬年之久。直到約西元前三世紀才開啟彌生文化的時代。也就是說，日本相當晚才進入農耕生活。

據說美索不達米亞地方的農耕始於一萬年前，而中國則是六千年前。所以日本要比美索不達米亞大約晚了八千年，比中國晚了四千年。話雖如此，但日本在中國盛行農耕文化的五、六千年前起，就已進入真正意義上的繩文文化時代了。說是繩文文化，但生產獨特的土器是從繩文晚期，即距今約六千年前開始的，與中國農耕文化的肇始幾乎同時。

也就是說，當中國開始一項新文明時，在日本開花結果的卻是前一時代的文明。而且，美索不達米亞與中國大約五千年前就已發展出都市文明，卻必須等到西元七、八世紀時才進入日本。若要問日本當時為何沒有

㉔橡實，廣義為山毛櫸科櫟屬的樟、橡、櫟、槲等果實總稱，狹義指櫟樹的果實，富含澱粉。

發展出都市文明，是因為每當天皇駕崩就要更換皇宮；亦即皇居所在不固定之故。這是根植於日本古代風俗的做法，因此，即便擁有相當程度的經濟和政治實力，日本的都市文明仍非常晚才展開。

從農耕文明、都市文明的角度來說，日本在世界上算是相當晚的，但是狩獵採集文明卻已綻放出燦爛的花朵。拜近來考古學研究成果之賜，讓我們得以了解這個事實。

兩種類型的日本人

根據最近自然人類學的研究成果，繩文人和彌生人屬於不同人種。二者雖皆出自蒙古人種㉕，但繩文人是古蒙古人種，也就是比較古老的蒙古人種。

古蒙古人種的特徵是五官立體鮮明、眼睛大、鼻梁高、嘴巴大、鬍鬚濃，而且相對於身體，他們的手腳比較長。因此總體而言，繩文人外型修

㉕ 蒙古人種（Mongoloid）也稱黃色人種和東亞人，大多分布於東亞、東南亞、西伯利亞，亦包括北美洲和南美洲的原住民。

長、五官勻整。至於後來才進入日本列島的彌生人則是新的蒙古人種。特徵是眼睛小、鼻梁低、嘴巴小、鬍鬚少，而且身體比手腳長。

這兩個不同的蒙古人種，在日本列島分住不同區域。大致上，近畿地方彌生人即新蒙古族比較多。而古蒙古族的繩文人則以東北為中心，多分布於日本北方。此外，北陸、山陰、近畿地方的熊野，四國的太平洋一側，以及九州南部到沖繩地區也都以古蒙古人居多。

新蒙古種的彌生人基本上較接近韓國和中國人。而古蒙古系當中最具繩文人特質的是愛奴人或沖繩人。此事也已被證實。

故極端一點來說，日本人可分為愛奴、沖繩型的人，以及韓國、中國型的人兩類。近畿的人大致上屬韓國、中國型，因此關西腔的重音不大一樣。我私心認為這可能是受到中國發音的影響。以下是金田一春彥㉖的學說：日本的東部和西部重音非常像，唯有位於中央的近畿地方不同。而這也被認為是因為文化隔閡與人種差異所產生的影響。

了解了以上說明後，我們該如何回答今天的提問呢？在律令政治實行之前有古墳時代，更早是彌生時代，再往前追溯則是繩文時代。繩文時代的繩文人，亦即生活在日本列島的古蒙古族原住民，曾發展出高度的狩獵採集文化。

到了距今約兩千三百年，新蒙古種的人帶著稻作農耕文化，從大陸來到日本，佔領九州、近畿地方，建立了日本這個國家。此事千真萬確。

這在《古事記》、《日本書紀》裡也有記載。要問《古事記》、《日本書紀》的神話內容所表現之思想性意義為何，那就是：天神的子孫征服了國神的子孫。天神和國神的祖先是姊弟；天神的祖先是天照大神，而國

㉖金田一春彥（1913-2004），日本語言學家、國語學家。以編纂國語辭典、研究方言聞名。

神的祖先是須佐之男命。天神姊姊來到土著久居的國神弟弟的地盤，姊姊征服了弟弟，建立大和朝廷與日本這個國家。《古事記》和《日本書紀》的神話要說的就是這件事，也就是在敘述日本的國家起源。

而此神話記載的內容，也和考古學的成果及自然人類學的結論如出一轍。這麼想就能充分明白，還會聯想到很多事吧！例如，所謂的京美人，並非什麼大眼美女，豐腴可愛的才能叫作京美人。

再舉其他例子。至今我們的飲食生活也遺留著繩文文化、狩獵採集文化的餘緒。剛才提到日本有很多鍋物料理、湯汁料理。另外，我們也喜歡吃未經烹調的魚，就是生魚片。沒有比這更簡單且美味的食物了。日本人偏好不大需要繁複料理，接近自然的食物。我想，這也是因為狩獵採集文化一直盤踞在日本文化底層的緣故。之後，農耕文化才在此基礎上發展起來。

日本人靈魂深處的森林信仰

今天提到的日本宗教問題也和前面的例子一樣，具有雙重結構。意思是，繩文時代狩獵採集的宗教上，重疊著農耕文化的渡來人㉗的信仰。因此，我們若想了解日本人的基層信仰，就得研究繩文時代的宗教才行。

那麼，究竟是誰繼承了最多繩文時代的特徵與文化？答案是愛奴人與沖繩人。愛奴人直到最近都還以狩獵採集維生，沖繩的狩獵（漁撈）也很

㉗廣義而言，渡來人是日本對朝鮮、中國等亞洲大陸之海外移民的稱呼，這些從外地遷移到日本的人被考古學者稱為「渡來人」。

盛行。因此，研究愛奴與沖繩的文化和宗教，對於理解日本基底的文化、宗教，亦即繩文時代的文化、宗教非常重要，因為他們的宗教裡保留著日本宗教的原型。

舉森林為例，日本的神社一定有森林，但是寺廟就不一定。其實，直到彌生時代之前，日本列島幾乎都為森林所包覆。不只山上，連平地也都在森林的包覆之下。

到了彌生時代，人們開始砍伐森林，開墾做為農田。砍伐森林以擴張耕地面積這件事，日本人共持續了兩千三百年的時間。但是，也有絕對不許砍伐的地方，即神社的森林；神聖的場所不可以沒有森林。怎麼說呢？主要還是由於繩文時代信仰的緣故。繩文土器的紋樣表現了對於樹木靈性的信仰，因為沒有比樹木更具生命力的東西了。

樹木的靈性就是生命的象徵。這是想當然爾。小小的一粒種子能長成那樣大的樹木，而且還能活上幾百、幾千年。人類在樹木的恩澤下生活；吃的東西來自樹木，房子、船隻、衣服等也全拜樹木所賜。所以繩文人用樹木製成的繩子纏繞在土器上以形成圖樣。這樣的行為應該是想汲取樹木的靈性與生命力吧！

而且樹木也被視為神靈附體之物。伊勢神宮的祭神儀式基本上也是對樹木和柱子的信仰，乃能夠綿長地溯及繩文時代的日本信仰。日本的神道可往前推至繩文時代，繩文時代神道的餘韻也可在愛奴、沖繩的宗教中看見。然而，這卻不是日本學界的常識，並且很顯然地，也異於國家神道的觀念。國家神道認為《古事記》與《日本書紀》中敘述的日本神道是自太古以來就有的，而不像我一樣，把它視為一項宗教改革。

若當作宗教改革來看，至少就得視為律令時代之前的東西，然後，再往前追溯到古墳時代和彌生時代。古墳時代、彌生時代以後受到中國道教等的影響甚大，但是，我認為傳統的信仰仍頑強地留存了下來。

送熊㉘儀禮中的愛奴世界觀

這樣看來，日本神道可追溯至繩文時期宗教的想法就無甚疑義了。不過，關於這個宗教的餘緒可見諸愛奴與沖繩宗教一事，則有必要做些說明。

有人在沖繩的信仰裡發現日本古宗教的影響，因而為日本古代宗教注入新的研究活力。那就是柳田國男、折口信夫，以及追隨其後的諸眾民俗學研究者。但他們將日本文化的起源放在農耕文明、彌生文化上，因此愛奴研究就被排除在外了。

但這是錯的；如此無法了解真正的日本文化。據說，農耕在沖繩文化中固定下來是鎌倉時代㉙的事。沖繩絕非適宜農耕的土地，在那兒大放異彩的其實是漁撈文化。而且，沖繩文化和愛奴文化有孿生之處。有關這一點我已在許多論文中提及，此處就略而不談。

我認為日本宗教的起源始自繩文時代的宗教。以下，我要站在這個假

㉘愛奴人的傳統儀禮之一，將神之化身「熊」的神靈送回神國去的儀式。做法是將捕獲到的小熊飼養一定期間，舉行慎重的儀禮之後宰殺共食，再獻上祭壇，送回神國。

㉙鎌倉時代大約是西元一一八五至一三三三年。

設上展開論述：也就是說，我們能在愛奴與沖繩的宗教中看到繩文時代宗教的餘緒。

談到愛奴的宗教，就必須知道愛奴人的他界觀㉚或世界觀。我認為最容易理解的例子是眾所周知的「送熊」，也就是愛奴語的「i-o-man-te」。何謂「i-o-man-te」？「i」是「把他」，「o-man-te」是「送走」。因此，「i-o-man-te」就是「把他送走」的意思。而「他」指的是什麼？就是熊的靈魂。換言之，就是要把熊的靈魂送走。那麼，要送到哪裡去呢？送到天上去。於是，該祭典就叫作「i-o-man-te」，也就是「送熊」。

愛奴人認為熊這種動物死後靈魂會升天。其實不只是熊，在他們的觀念裡，不管人類、動物、植物或工具，一切的人事物死後靈魂都會歸天，變成神祇。如此的思想被視為人類自幾萬年前起就具有的宗教觀。

死後靈魂到天國去，之後又轉生回到這世上。有趣的是，熊在天界裡與人類一樣，經營著家庭關係，並以人的形體生活著。然而，卻是以熊的形態誕生於世間。至於為何要來這裡呢？目的是要把「mi-an-ge」帶給人們。所以，熊就是帶著禮物來人間的「na-ra-tto」，也就是客人的意思。

古日語也把客人稱作「na-ra-tto」，這一語彙留在古代日語裡，讓我產生愛奴語應該是日語祖語的想法。而「mi-an-ge」又是什麼？就字面所示，就是「提供身體」的意思。

換言之，熊就是把美味的肉身和高級的毛皮帶來世間的客人。老實說，這實在是人類一廂情願的想法，要是讓熊聽到了，一定會大笑：哪有這種蠢事吧（笑）！但他們的觀念確實如此。於是人類遂行熊的意志，吃

㉚他界指異於現世的世界，即死後靈魂往赴之處，或祖先居住的所在。他界觀即人對死後世界的想像、觀念。

美味的肉品，穿高級的皮衣。但是，當吃的、用的都得到了以後，還必須把牠的靈魂送回天上去才行。以上就是深嵌在愛奴人心中的送熊觀念。

一般來說，送熊的熊，是把捕獲來的幼熊養大，等到肉質最肥美時宰殺，再把牠的靈魂送走。此事乍看非常殘酷，但對愛奴人來說完全不是那麼一回事。只要看看貝塚就能了解。日本人自繩文時代起便不斷重覆這樣的事。對方都特地拿自己的肉身當伴手禮來到人間了，要是辜負了他們的好意反而失禮。故而全村的人都會一同來享用熊肉，還會把牠的肉供奉給被殺掉的牠自己。如此，熊也會吃到自己的肉，達成神人一體的境界。

他們認為被殺的熊的靈魂存在雙耳之間，意指靈魂棲息在頭蓋骨裡，因此要在上面化妝，再供奉於柳樹製成的「i-na-u」，亦即御幣㉛的棚架上，然後再舉行祭典。

所謂的「i-na-u」，就是至今仍用於祭神的御幣之原型。說實話，我對御幣這東西並不是很了解，但若知道是「i-na-u」就懂了。根據愛奴文化研究者藤村久和先生的說法，「i-na-u」指的是鳥類。

「i-na-u」這種鳥有眼睛、嘴巴和羽毛，負責聽取人類的願望，稟告給天上的神祇。有的御幣也會做成鳥的形狀，應該是要模擬「i-na-u」的外形吧！而御幣紙張輕飄飄的感覺，就好像鳥的翅膀。人便將自己的願望託付給鳥，再送上天去。送熊時也是如此，供奉在祭場上，讓鳥兒將靈魂送到天上。靈魂是在入夜時送走的。為何選在晚上？因為此世的夜晚是彼世的白日，此世的白日是彼世的夜晚。入夜時送走的靈魂，會在彼世的黎明時分抵達。

㉛神道中用來進行祭神、驅邪與淨化的紙束，常見的是一根木杆上垂下二條垂紙，有金、銀、白色的，也有五色的。

人們會讓歸天的靈魂帶著許多伴手禮，像是酒、鮭魚、糰子等東西回去。回到天上以後，牠們就用這些禮物呼朋引伴，開席設宴，並與同伴們分享人類餽贈的美酒。熊的夥伴們說：「真好吃。太棒了！」歸來的熊則得意洋洋地回答：「我受到人類很大的禮遇哦！而且還被平安無事地送回來了。」其他的夥伴聽了就搶著說：「哦，是嗎？太好了。那明年換我去吧！」（笑）因此，每年都會有捕捉不盡的熊。

由上述可知，這不但是送熊的祭典，也是收穫的儀禮。把熊送到另一個世界去，同時也希望牠們再回到這裡來。因此，會在送返靈魂時這樣祈禱：「請務必再回來」。不僅送熊時如此，基本上，包含人類等一切事物的送別儀式，愛奴人都心懷此想。

儀來河內㉜信仰中的沖繩世界觀

此外，沖繩人認為人死後會遠渡海的彼岸，到一個名為儀來河內的地方。而且，只要不是十惡不赦的人，大部分都能去到那裡。

不過，那兒並非極樂世界，也不是什麼悲慘地獄，而能過著如同此世般的生活。假若儀來河內是正面的世界，今生就是負面的世界；此世要是光明的世界，那裡就是陰暗的世界。總之，這兩個世界呈對立狀態。即使

㉜ 指沖繩、奄美群島等地自古以來所信仰的大海彼岸之聖地、樂土。原文並無漢字，以片假名寫作 ni-ra-i-ka-nai，但有依照發音寫為儀來河內者，故作此譯。

是做惡的人，只要親族說：「他雖然做了很多壞事，我們也因此受累不少，但他本質上還是好人，所以請帶他到儀來河內去吧！」那麼，儀來河內的神明就會接納他。

而說到去了那裡的靈魂後續如何？就是日後會再回來，而且是肯定會歸來的。歸來的象徵就是太陽。一般來說，太陽的形象是永遠光明的，但沖繩的太陽並非總是如此。太陽會死；落入海裡死掉。它和黑暗搏鬥，之後又再度升起。所以太陽是「死亡・復活」的象徵。我直到最近才了解這件事。本州也留有太陽會從二見浦這個地方升起的信仰。太陽通過幽冥世界，從二見浦之門升起，也就是說，太陽能穿越死亡而復甦。

另外還有一項有趣的儀式。沖繩有一個叫久高島的島嶼，位於首里東方的海上，猶如相對於大和的伊勢。這個島上至今仍持續著自古以來的宗教儀式，例如洗骨。洗骨是清洗死人骨頭、去除肉身的儀式。此神事由女性來執行。因為若不把肉從骨頭上完全剝離，靈魂就無法回到儀來河內。骨頭上面若殘留著肉，會被視為對此世尚存依戀，所以要洗骨除肉。

透過這個儀式就能離開此生，去到儀來河內那個祖先所在之處。而去到彼世的靈魂，之後又會轉生回到這個世上。

死者的再生

往生者的靈魂固然會到天國，但並非立刻前往，而是先停留在山上一段時間。有所謂忌日這樣的說法對吧！三年、七年，靈魂慢慢升天，到三十三年時才會正式成為神明，抵達另一個世界。

而彼世究竟是怎樣的世界呢？剛才也說了，那裡既非極樂世界，也不是什麼水深火熱的地方，而是所有事物都與今生相反、顛倒的世界。彼世的夜晚是今生的白天，今生的夏天是彼世的冬季。所以，葬禮時才會每件事都要顛倒著做。例如，給死者穿的和服要右襟在上，左襟在下。人死後會去到的就是那樣凡事相反的地方，之後，再回到這個世界來。回來一事非常重要。

愛奴人認為，死後也以家庭為單位共同生活，與今生大致無異。而這輩子多做好事的人去了另一世界以後，會比較快回來。

例如，愛奴人會對剛往生的老奶奶說：「您先去神國休息一下。這一生，您修得很好，去那邊一、兩天就要再回來哦！」愛奴人認為此生的一天是彼世的一年，所以，一、兩天指的差不多就是一、兩年。家裡有小孩出生時，我們看到出生的嬰兒，不是會這樣說嗎？「這孩子跟爺爺好像喔！是爺爺投胎轉世來的。」

何謂天皇的大嘗祭㉝、即位式？就是新任天皇要在悠紀殿㉞、主基殿㉟就寢。在殿裡是如何進行的，我並不十分清楚，不過這就是最重要的儀式，亦即讓前任天皇移靈。

根據山折信雄對折口信夫研究的解釋，在悠紀殿裡，新即位的天皇要伴屍而眠；睡在駕崩天皇的旁邊。如此，前天皇的靈魂才會降臨到他身上。接著，新任天皇獨自去主基殿就寢，那時，前天皇的靈魂已移駕到新

㉝天皇即位時首次舉行的祭典。
㉞悠紀殿是大嘗祭時，與主基殿一同建造的殿舍。
㉟參前註。

天皇身上了。儀式的內涵便是如此。和天照大神躲在天岩戶㊱的神話相同，也就是死後會再回來，靈魂重新轉生的思想。而這就是日本的古信仰。如此的信仰有很大一部分依然留在愛奴與沖繩文化中。

i-za-i-hou 的眾神女

接著，我要談談前面所提、流傳在沖繩久高島上的「i-za-i-hou」祭典。這祭典非常有趣，每十二年一回，且固定於午年舉行（一九七八年為最終一次）。

「i-za-i-hou」的意思不明，但若用愛奴語來想應該就會了解。愛奴語和沖繩語相當類似，我認為它們都受到繩文語的影響。

彌生時代以後，做為日本語祖語的繩文語在畿內㊲地區產生很大的變化，但是，在北海道與沖繩，也就是日本列島的兩端留了下來。因此才會說愛奴語和沖繩語很像。「i-za-i-hou」的「za-i」在愛奴語是「鳥群」的意思，「i-za-i-hou」是「鳥群的孩子們」之意。

至於這究竟是什麼祭典？基本上是由三、四十歲，有生養子女經驗的

㊱日本神話中的岩洞。太陽神，即天照大神躲起來，世界因此黑暗無光的傳說舞台。

㊲日本律令時代的舊國名，指山城國、大河國、河內國、和泉國、攝津國五國，相當於今日大阪、京都、奈良的一部分。

已婚女性為主來進行的。但意義很難了解。祭典的第一天有渡七橋的活動。這些女性橫渡七座橋之後，要進入七個房間，那裡是祖靈的世界。

而這究竟是什麼意思？七個房間似乎意味著彼世。走過七座橋，進入七個房間，藉此讓祖靈的神威移駕到自己身上。這些女性頭上戴著讓人聯想到鳥羽的葉子。鳥類是我自己的解釋，因為看起來像鳥。也就是說，得到老婆婆魂魄的女性變成鳥類，回到人間來。歸來一事在此也是重點。

大部分的人都能去到儀來河內。但終究必須回來，成為島嶼的守護神。因此，女性為了回到島上，必須變成鳥類橫渡大海。「i-za-i-hou」就是這樣的祭典。

我請教了久高島的研究者比嘉康雄先生，得知雖然絕大多數的人都能去儀來河內，但男性卻不一定能回來這世界。不過女性一定得回來。很有趣吧！女性肯定會回來，男性卻不知會怎樣。我想，這應該是母系社會的影響吧！比起愛奴，沖繩更強烈地保留著母系社會的餘緒。

沖繩的男性多半因航海而外出。一旦出海去，能否回來只有天知道。有的死在海上，有的到別處另外娶妻生子。男性回不回得來不清楚，但女性一定能得到老婆婆的靈威，變成鳥類，在森林裡守護後代子孫。這真是女性的執念啊（笑）！我很感動。女性總是這麼堅毅，而男人多半沒啥用處。

真脇遺跡——柱子與輪迴信仰的原點

接下來我要參考前面所提的愛奴、沖繩信仰，探討古日本，或說繩文時代以來的日本宗教和世界觀。

石川縣的能登半島有一個叫真脇的地方。一九八二至八三年，那裡發現了非常有意思的繩文時代遺跡，稱為環狀列木（wood circle）。

十根直徑約八十公分到一公尺的柱子呈環狀方式排列，似乎不是住居遺跡，亦非生活遺跡，而是宗教方面的遺跡。接著又找出許多繩文土器、橡栗、類似能面的臉譜、近似圖騰柱的棒子，以及為數眾多的海豚骨頭。以海豚的骨頭為主，還有各種各樣的魚骨、鹿骨等其他動物，甚至還有人類的骨頭。

後來了解到環狀列木每隔幾年就會重新排列，因為柱子上的洞是交錯的。這很明顯是宗教遺跡，但又是怎樣的宗教呢？出現的是海豚骨頭，所以這裡應該不是送熊，而是送別海豚的地方。直到德川時代為止，此處都是漁獵海豚的根據地，而漁獵海豚的習慣，甚至可以往前追溯到繩文時代。

在愛奴，熊為什麼會變成神？因為牠們提供了最美味、最大量的肉給人類。所以這裡的海豚必然也是同樣的意思。在真脇這裡，虎鯨叫「神主」。在愛奴，虎鯨也被稱為「神」。何以稱虎鯨為「神」或「神主」？因為虎鯨會把海豚和鯨魚追趕到岸邊。就地理位置來說，真脇可算最容易捕獲被追趕而來的鯨魚和海豚之處吧！在此，海豚是帶著伴手禮來訪的客人。客人給人類帶來許多肉和骨頭當禮物，之後，再被送回天上去。

至於環狀列木的柱子又意味著什麼？原本柱子就是連結天與地的東西。《日本書紀》裡有這樣的說法：過去眾神與人類都必須通過柱子往來於天地之間，後來天與地相隔遙遠，就越來越不容易了。

《古事記》出現的天浮橋也屬於連接天地的橋梁。通過柱子，靈魂可以來來去去。京都有個地方叫天橋立，據說古早以前它是聳立天的，人神皆可通過那座橋來去自如。不料有一天神明打瞌睡，橋忽然「砰」的一聲倒地，打那時起，橋就變成橫向的。這個神話被記錄在《丹後國風土記》裡面。

柱子和橋梁都是能讓靈魂來去的管道。橋呈水平橫向建造，相反地，柱子則是上下垂直。橋叫「ha-shi」，柱子則叫「ha-shi-ra」。「ra」在愛奴語裡意指「下降」。因此，真脇的柱子一定也是神明從此處降臨，或海豚的靈魂由此升天的作用。

真脇遺跡使用的柱子，是將栗樹對切成為半圓柱，再將這十根半圓的柱子排列成圓環。還有個像是入口的地方，就是門，我在想也許是鳥居的起源吧！在真脇遺跡被發現以前，金澤市的近森㊳遺跡也曾發現環狀列木遺跡。近森這個地名讓我很好奇，「chika」應該是愛奴語的「chikappu」，亦即「鳥類」之意。所以，近森指的必定是鳥類的森林，也就是神明的森林。

這樣的柱子是神與人通行的管道，是神聖的東西，所以聖物意識也許就是日本神道的起源。諏訪神社的御柱祭，應該是受到古老祭典的影響，並且一定是將真脇等地環狀列木祭祀的狂熱保留至今的表現。御柱祭的柱子立在神社的四個角落，想來也是由於視為環狀四隅之故。而這個環狀又

㊳「近」的日文讀音為「chika」，「森」為「mori」。

意味著什麼呢？

我們日本人在計算神明的數量時，使用的是一柱、兩柱這種計算柱子的量詞對吧！另外，伊勢神宮遷宮時，最先建造的也是「心之御柱」。

再者，諏訪神社每到第七年就會舉辦一次盛大的「御柱祭」。那是把巨大的柱子從山上砍下，矗立在上諏訪和下諏訪神社周圍的儀典。還未看過真脇遺跡時，我對這個祭典的主旨不甚明瞭，看了以後才知意義何在。

兩種思想——平等與再生

參照以上所述來思考律令以前、繩文以降的信仰，也許我們可以說日本人基本的世界觀分為以下兩點。

第一點就是眾生平等，萬物皆然的概念。首先來看熊與人，他們都是生命，都有靈魂。熊只不過是偶然帶著手信來到人間而已；也就是說，熊是以扮裝形式出現在這世上。其實不只熊，世間所有事物都是帶著禮物而來的。

樹木也同樣手攜禮物來到世間。樹木的綠意和熊的身體都是送給人類的伴手禮。因此，愛奴人每伐一棵樹時都會祈禱，說：「請把你的生命交給我。我必須得到你的命才能活下去，所以，無論如何請你把命給我。我也會鄭重把你的靈魂送回去。」

愛奴文化與繩文文化似乎都特別把樹木視為一切生命的中心。日本信仰的基礎也是對樹木的崇拜，日本神道的基本就是生命的崇拜。而且一切生命都是平等的，並沒有人類比較尊貴的概念。尤其，樹木的生命就是我們的生命象徵。我認為這個想法是一種世界觀。

第二點是死後必會重生，生死循環的概念。不僅人類，舉凡一切事物死後靈魂都會離開肉體，到另一個世界去。肉體本身並不重要。過去有將屍體棄置不管的習俗，那是因為人們認為屍體不過是靈魂離開後的空殼罷了。

而活著的人一定得將靈魂鄭重送返另一世界才行。所以葬禮很重要。日本的佛教可說是葬禮的佛教，這並沒有負面的意思；日本人自古以來就頗有慎終的概念，因為必須將靈魂妥善送往彼世。要說送往彼世所指為何？就是還會轉生回來的意思。

若不能到彼世去，就無法重生。最困擾的是靈魂執著於現世，久久不肯離開。這樣流通機制就停頓了（笑）。徘徊在此世不走的靈魂最恐怖了，叫作怨靈。

所以，認為死後一切都會消失的想法真是大錯特錯，人其實是會再回來的。這麼想就覺得很開心（笑）。大約會在孫子的孫子輩時回來，當然要好好疼愛孫子囉！在我們的思想裡，一切眾生去了彼世之後都會回歸人間，像這樣不斷地循環著。

這其實就是自然會永恆循環的觀念。從科學的角度來看，這似乎是無稽之談。可能有人會說：「哪有什麼東西會回來，根本是胡說八道。死了就什麼都完了。」但這可是近代主義的想法：生命只有一回，死亡就是結束。所以活著的時候要開開心心，盡情享樂，多多賺錢。這是近代主義的世界觀，代表彼世信仰逐漸消失。

但我並不認為死後投胎轉世的想法不科學，因為，遺傳基因確實會被子孫繼承下去。不是有和父母長得一模一樣，或與祖父如同一個模子刻出來的孩子嗎？遺傳基因的法則就是轉世再生的概念。活著的時候就轉生是說不通的，所以人會死亡。

靈魂就這樣永恆不斷地輪迴。我漸漸喜歡這種信仰了。我今年已經六十二歲（當時），也到了該思考死後要往何處去的時候了。下地獄我可受不了，去極樂世界會營養過剩，而要被如林的美女包圍更消受不起。說起來還是現在的生活最舒服。而且，死後能再回來，實在沒有比這更好的事了。

誠如前面說的，彼世既非極樂世界，也不是什麼悲慘地獄，而與今生大致相同，只不過凡事相反而已。喪禮時不是要把往生者的杯子和各種東西打破嗎？只因現世壞掉的東西，才能在彼世新生。因此，愛奴人會把往生者的房子燒掉送往另一個世界。

我曾訪問過一位愛奴耆老——葛野辰次郎。他說：有人夢見一個往生者抱怨彼世沒房子可住，請人給他送房子去。於是就蓋了一間小房子，燒掉，送給另一個世界的他。

日本宗教的根柢似乎就有這種信仰，也很明確地留在愛奴和沖繩的宗教裡。古代日本自是無需贅言，現代日本人不也還有這樣的觀念嗎？

來做個結論。一切眾生都是生命。生命的信仰中心特別是指樹木。所有生命死後都會復甦，到了彼世會再回來，不斷地重複。這也是自然的形態。我非常喜歡這兩個觀念，而且，這兩個觀念仍頑強地留在現代日本人的心靈深處。

在思考了日本宗教的基本概念後，我認為就能清楚了解到佛教進入日本後究竟發生怎樣的質變。我探討的是一萬兩千年前至今這麼悠長歲月的事，所以很多地方都說得不夠周全，但還是必須在此將我談話的前半部做一個結束。

第2部　日本的佛教

始於聖德太子的日本佛教

前面我談到佛教之前日本人的原始信仰，並說明了那個原始宗教的世界觀。

今天要談的是佛教。佛教和日本神道或說原始宗教並列，是日本宗教的另一重大源流。

誠如在第一部所言，要討論日本佛教的全貌極其困難。日本佛教宗派雜陳，又有各自的經典與教義，因此要為它做一個整體性的描述實在非常不容易。我對佛教很有興趣，而且幸運的是我並不隸屬於任何一個宗派，故能用相對公平的眼光來觀察佛教的整體。

我認為正因如此，才能客觀地看它是如何被日本接受，曾歷經怎樣的變化，以及特徵何在。今天我要先談日本佛教的主要脈絡。

要先說明的是，我會以三個人物為中心來思考日本佛教的流變。

首先，日本佛教始於聖德太子。有關這一點應無人有異議。佛教傳入日本是在西元五五二年，也就是欽明天皇十三年時。此事明確記錄在《日本書紀》裡。有人懷疑這個說法，但我認為懷疑的理由很薄弱。佛教應該是在五五二年傳入的，而且眾所周知，東大寺大佛的開眼供養是在天平勝寶四年（西元七五二年），亦即佛教傳入的第二百年。那時日本已完全變成佛教的國度了。這究竟是誰的功勞呢？不可否認，聖德太子的功勞最大。

聖德太子是欽明天皇的孫子，既是皇太子又是攝政，地位幾乎與天皇不相上下。而且他奠定了日本律令制度的基礎；既建構了律令制度的理念，也實現了其中的一部分。聖德太子把佛教放在律令制度的基礎上，因此，我認為要這麼說也無妨，正是由於聖德太子，佛教才能在日本扎根，進而成為日本的國教。日本佛教的基礎是由聖德太子所奠定。這個事實非常重要。

最澄㊴與空海㊵的佛教

接下來的重大革命發生於平安時期。聖德太子推展的日本佛教以南都六宗的形式盛行，那是直接從中國唐代輸入的，當時尚未十分日本化。

不容否認，新的日本佛教是從最澄與空海開始的。當然，最澄和空海的佛教分別從中國的天台宗與真言宗移入，但仍有其獨具的思想內涵，充分展現出日本佛教的特徵。剛好今年（一九八七年）是最澄開寺的第一千兩百年，他對佛教所做的改革實在厥功甚偉。其後的空海也大為活躍。此二人對日本佛教發展的貢獻都具有劃時代意義。

奈良佛教是理論的佛教，而最澄與空海的佛教則是經典的佛教。理論的佛教並非出自釋迦自身著作，而是以龍樹㊶和世親㊷的注釋書、即此二人的理論為依據的佛教。至於經典的佛教，則是直接奉行佛陀經典的著作。而且，經典的佛教不似奈良佛教屬於都會型佛教，他們的根據地設立在深山裡。

上述事實經常被視為奈良佛教與平安佛教的差異所在，但我個人認為真正意義上的日本佛教始自最澄和空海。我的意思是，奈良佛教的外來色

㊴最澄，平安時代的僧侶，日本天台宗的開山祖師，生於近江國（今滋賀縣）滋賀郡古市鄉（今大津市），俗名三津首廣也野（767-822）。

㊵空海，平安時代僧侶，諡號弘法大師，真言宗的創始人，俗名（幼名）佐伯真魚（774-835）。

㊶龍樹，二世紀時的印度佛教僧侶。龍樹為梵文之音譯，又譯為龍勝、龍成。大乘佛教中觀派之祖。

㊷世親，古代印度佛教瑜伽行唯識學派論師，後集其大成，形成佛教之重大潮流。世親是梵文名，也譯為天親。

彩依然強烈，非得等到最澄與空海時，獨具日本特色的佛教才真正誕生。

若問最澄與空海何者比較偉大，實在很難一概而論。從能力來看，我認為空海略勝一籌，但若考慮到對後世的影響，最澄比較有貢獻；因為日本佛教的主流是在最澄這一方。

會這樣說，是因為後來日本佛教的各宗派都是從最澄的天台宗發展而來，因此，還是必須將最澄視為日本佛教的主流。今天我的談話除了聖德太子和最澄，也會從旁論及空海。

顯著日本化的鎌倉佛教

日本還有另一次佛教革命，就是各位都知道的鎌倉佛教，這也是非常大的宗教革命。最澄和空海那樣的佛教，或許不只日本，世上其他地方也有吧！他們二人都想把印度和中國的佛教原原本本地帶進日本。

然而，鎌倉時代興盛的佛教，怎麼看都是其他國家所缺乏的、極具日本特色的佛教。眾所周知，鎌倉時代的佛教有三大流派。

一是法然、親鸞的淨土宗，二是榮西、道元的禪宗，三是日蓮的日蓮宗。這三個了不起的教派都是鎌倉時代才出現的。但正所謂有一長必有一短，我認為將日本特色發揮得最淋漓盡致的是淨土宗，特別是親鸞的佛教。而且親鸞佛教對後世影響甚鉅。

舉例來說，日本的和尚一般都會娶妻生子對吧！但其實到戰前為止，除了淨土真宗，其他宗派都對這種做法有所顧忌。像我家隸屬曹洞宗，廟裡的前任住持和家父是兄弟，不過並非親兄弟。只因和尚不能生子，故在戶籍上列為家父的兄弟，再以前任住持弟子的身分入寺。

依當時的戒律，和尚必須獨身，不可有小孩。即便維持的只是形式，也必須如此。但到了戰後就可公然娶妻生子了。這也是跟親鸞上人學的吧！後來的和尚能娶太太，還真要感謝親鸞上人呢！這和泰國與斯里蘭卡等地截然不同；以泰國和斯里蘭卡的標準來看，又吃肉又成家的和尚簡直太不像話了。

如上所述，我認為日本佛教始自聖德太子，歷經最澄與空海——又以最澄的影響較大，接著再到鎌倉時代的諸宗派。其中，親鸞扮演的角色特別重要。

釋迦的教誨與大乘佛教的理念

今天我就依據這個大的源流，以三個人物為中心來討論。有一件很重要的事：日本的佛教不僅是理論，也是習俗。因此，佛教於理論之外究竟在做什麼最重要。就此意義而言，我要先談談理論，然後再談習俗。

在進一步討論之前，有必要先確認一下佛教到底是什麼。不過此事難度很高。誠如各位所知，佛教是以釋迦思想為基礎發展出來的信仰，而釋迦活躍於西元前五世紀印度的恆河流域。原以婆羅門教為國教的印度那時正在發展都市文明，具有自由意識的思想家輩出，他們否定傳統的婆羅門思想，想追求更自由的生存方式。釋迦就是出現在這樣的時代背景之下。

我的理解是：釋迦所傳授的教誨建立在非常明確的道德命題上。簡言之，就是「四諦與十二因緣」。四個諦觀與十二個因緣可說建構了釋迦教義的基本內涵。

所謂四諦，就是苦諦、集諦、滅諦與道諦。首先，人生是苦的。釋迦思想的基底認為人生是苦，因為人有生老病死。出生之苦、衰老之苦、病痛之苦與死亡之苦。就是這四種痛苦。我不大了解出生之苦所指為何，老、病、死的痛苦倒是深切明白。人只要活著便無法擺脫這些痛苦；不管生病、衰老或死亡都是苦。

而苦的原因何在？釋迦斷定皆出於愛欲。愛欲是痛苦的最大根源，這是集諦。故必須消除愛欲，就是滅諦。但要如何才能消除呢？須遵守戒律，過清淨的生活，就是戒，冥想的定，以及磨練智慧的慧；意即必須過戒、定、慧的生活。也就是道諦。苦諦、集諦、滅諦與道諦就是所謂的四諦。

接下來是十二因緣。與四諦相同，這也是教誨，不過並非對人類的道德勸說，而是以宇宙論的方式來闡述。換言之，宇宙的本體是老死，而老死的緣由在於愛欲。消除愛欲便不再有老死，人，就能跳脫業的輪迴。婆羅門教講述輪迴，指前世行為會以各種形式轉世到今生。釋迦卻說輪迴才是愛欲的原因，倡導唯有滅除愛欲才能從輪迴中解脫。斬斷輪迴的根源就是涅槃，亦即開悟。

這是非常簡單的教誨吧！生命是苦，苦的根源在愛欲，被愛欲綑綁，所以痛苦。只有斬斷慾望，才能獲得內心清淨，進而從一切痛苦中解放。然後跳脫六道輪迴、死亡與苦難，永永遠遠地站在輪迴之外。這道理簡明易懂，暢快淋漓，也是對婆羅門教輪迴觀的挑戰。釋迦教導著這樣的理論，結束了他八十年的人生。

這種思想慢慢發展，紀元前三世紀出現一位統一印度的國王，名為阿育王㊸。他還在印度興起一項重大變革，就是把國教從婆羅門教改成佛教。

自此，佛教就傳播到全印度了。過去無法推展的佛教，如今氣運變高。不過，釋迦的佛教要人離群索居，進入山林裡靜度人生。於是後來出現以下的想法：釋迦的教誨並無法拯救眾生，若要解救眾生之苦，必須下山來。對於人的慾望，應提供不同思考的可能性。在山裡修行，太偏向慾望的否定，有關這一點應該更自由些才對。這就是龍樹的論點，也是大乘佛教的思想。

眾所周知，大乘佛教和小乘佛教（上座部）的根本差異在於小乘忠實謹守釋迦教誨，進入深山，離群索居。相對地，大乘認為小乘的做法並不能拯救迷途眾生，應該盡量來到大眾之中，以解救迷惘之人。拯救迷途者稱作菩薩。也就是說，大乘佛教是菩薩的佛教。

大乘佛教將自己的立場稱作菩薩佛教，而將嚴格奉行釋迦傳統的佛教稱為聲聞、緣覺的佛教。聲聞如字面所示，指的是當面聆聽釋迦教誨的弟子。緣覺則非直接師從釋迦，乃因某些緣由開悟，並同樣忠實遵守釋迦教誨，時代較晚近的弟子。

此外，大乘佛教自稱大的運載工具，是可快速達到開悟境地的佛教。

㊸阿育王（Ashoka Maurya，約 304-232 BCE）為印度孔雀王朝的第三代君主，頻頭娑羅王之子。

小乘則是較小的運載工具，開悟較難、也較慢。大小乘佛教的區別出自大乘佛教這一方。

大乘佛教的理論中心是空。空：既非有、亦非無，既不是肯定，也不是否定。也就是不可受現世慾望綑綁的意思。

話雖如此，但也不能被慾望的否定這件事所束縛。大乘佛教否定了雙重的束縛，講述空的概念。空亦為中；也就是既不被有、無，也不被肯定、否定所約束，要站在中庸立場上的意思。

中國佛教的主流與佛教傳來

一般說來，佛教在後漢明帝時傳入中國，但在中國，佛教的興盛必須等到漢朝滅亡、魏晉南北朝的戰亂時代。

儒教那種維持固定社會秩序的觀念，到了亂世，已無法再抓住中國菁英份子的心，道教和佛教反而變得較受喜愛。尤其，北朝由漢族以外的胡人掌權稱帝，這個胡族君王喜愛外國宗教，其中特別偏好佛教。於是，中國就從儒教國家大幅改變為佛教國家。

佛教從印度經西域傳入中國，而且大小乘都一起傳入。之後，大乘佛教陸續推出許多經典，多到幾乎不可勝數。這些經典一口氣大量湧進，但也因此讓中國佛教界人士分不清何者方為釋迦的教誨。從印度或西域來到中國的佛教人士都主張自己信奉的才是正統佛教，中國卻不知要相信誰才好。

鳩摩羅什㊹是把混亂的中國佛教導向一個方向的人。可以說正因為有他，中國的大乘佛教才會得到決定性的勝利。他生於四世紀，翻譯過非常多的佛教經典，例如《法華經》和《阿彌陀經》都是他的譯作。

鳩摩羅什的生平非常有趣。說起來，他比較抵擋不了女性魅力。孩提時代，母親曾請人替他看相。對方說：「若能不犯女色之過，應能成為偉大學者。」他偏如預言所料，犯了此戒，而且應邀到中國之後，白天費盡心力翻譯經典，到了晚上則女人不斷，後來也生了孩子。據說這是皇帝的命令，意思是像他這麼優秀的人一定得留下後代才行。不過，真要拒絕也是可以的。

總之，有關愛欲，大乘佛教不如小乘佛教那般戒律嚴明，甚至可說相當自由；想要和女性交往也可以。換言之，就是「空」的自由，重要的是不被束縛。

這樣的人生比喻，成了蓮花的比喻。蓮花出淤泥而不染，開出純淨美麗的花朵。《法華經》就是鳩摩羅什翻譯的名作。這個比喻對鳩摩羅什來說，確實也非常有理。

因為鳩摩羅什的關係，大乘佛教在中國佔了主流地位。西元五五二年，剛好六世紀中，佛教傳入日本。日本當然也受中國佛教的影響，一開始就是大乘佛教的天下。而將如此的佛教扎根於日本的就是聖德太子。

㊹ 鳩摩羅什（334-413，一說 350-409），西域龜茲人，東晉十六國時期之僧人，漢傳佛教著名譯者，包括《金剛般若波羅蜜經》、《佛說阿彌陀經》、《妙法蓮華經觀世音菩薩普門品》等。

聖德太子的一乘思想——統一與平等

有關聖德太子，我有許多事想跟各位分享。首先要談的是他的佛教內涵。就像剛才提過的，太子奠定了日本律令的基礎，並把佛教放在律令制度的中心思想上。

要了解聖德太子置於國家中心的佛教為何，必須閱讀太子撰寫的《三經義疏》㊺。有人說《三經義疏》並非出自太子之手，而是後人假借其名之偽作。現在我沒有時間詳述此事，但基本上反對這種說法。我認為太子撰寫本書的可能性很高。

所謂的《三經義疏》，就是《勝鬘經》㊻、《維摩經》㊼、《法華經》㊽這三部經典的注釋書。在眾多佛教經典中，太子視這三部最為重要。其中又以《法華經》為中心思想，認為《法華經》是佛教最傑出的經典。

那麼，《法華經》的思想內涵如何？就是法華一乘㊾的思想。他認為一乘思想是佛教思想中最尊貴、最益於眾生濟渡的思想。太子本人另造一語「一大乘」：在一乘上面加上大乘，就成了一大乘。

㊺《三經義疏》據信是聖德太子之作，為《勝鬘經義疏》（611）一卷、《維摩經義疏》（613）三卷、《法華義疏》（615）四卷之總稱。各為《勝鬘經》、《維摩經》、《法華經》這三部經典的注釋書。

㊻《勝鬘經》為《勝鬘師子吼一乘大方便方廣經》之簡稱，主要闡述寶積部如來藏佛理。

㊼《維摩經》是《維摩詰所說經》之簡稱，又名《不可思議解脫經》、《淨名經》。

㊽《法華經》為《妙法蓮華經》之簡稱。以蓮花（蓮華）出淤泥而不染比喻佛法的潔白、清淨。

㊾乘，指車乘，比喻能載人到達涅槃境界。一乘意指引導、教化一切眾生成佛的唯一方法或途徑。《法華經》首倡此說。

這個詞彙出現在《法華義疏》裡。他把《法華經》思想理解為一大乘思想，並認為是最理想且最能利益眾生的佛教思想，於是才用它來建立日本這個國家。

至於一乘所指為何？佛教分為聲聞、緣覺與菩薩三部分，把這三部分再度統合為一就是一乘的觀念。因此，一乘佛教可說是在大乘佛教發展過程中誕生的。

《法華經》講述的思想就是這樣的一乘佛教，也包含了過去大乘佛教裡因為無法得救而被排除在外的聲聞與緣覺。甚至還提倡龍女⑤⓪或像龍的女子也能被救贖的思想。畢竟佛教的世界裡也有男尊女卑的觀念，過去一直認為女人難成佛。但在《法華經》裡面，不僅女性能得救，即便不是人類，而是龍或如龍一般的女性也能得救。像這樣，提倡非常廣泛的救贖說。因此一乘佛教裡有很強的平等意識。

換言之，大乘佛教一般是將聲聞與緣覺排除在救贖對象之外，有歧視性的意味。相反地，一乘佛教把聲聞與緣覺納入救贖範圍，表現出強烈的平等精神。然後又在平等思想上加上統一，亦即用一乘把全部統一起來。如此，統一與平等就是一乘佛教的思想特徵。

聖德太子試圖模仿中國的隋朝，將日本建立為律令國家。在此之前，日本是氏姓制度㊿的國家。依姓的不同，一開始就決定了人的貴賤與職業。太子卻將日本從氏姓制度改為律令制度。

在律令制度之下，只要有才華，不拘氏姓都可受拔擢，得到發揮空

㊿龍女，龍王的女兒。此指佛法守護神，八大龍王之一沙羯羅之女，據說八歲開悟，後轉生為男子成佛。

51 氏姓制度乃大和王權的支配制度。氏指氏族組織，即共同體的成員。姓則代表家世、政治與社會地位。

間。也就是依法將日本建立成統一的國家。這是太子的偉大理想。於是，他導入了佛教，特別是一乘佛教的思想——將平等、統一設定為律令國家的核心理念，接著又制定十七條憲法。

十七條憲法展現了新成立的日本這個國家的基本理念，也體現出佛教的精神，即所謂的「以和為貴」。只要讀過十七條憲法，就會知道裡面都在闡述平等思想。聖德太子制定了國家憲法，但只有憲法不夠，他還學習佛教，試圖闡明一乘思想的精華。後來就產生「一大乘佛教」的語彙了。

煩惱世界所引導的如來藏思想

聖德太子在《三經義疏》之一的《勝鬘經義疏》裡是這樣說明一乘思想的。一乘思想雖然傑出，但一乘思想的反面則是如來藏思想。

太子說，這個如來藏思想很了不起，但如來藏思想是一個悖論（paradox）。何以是悖論？因為如來藏認為一切地方皆有佛，煩惱之中亦有佛。所以，救贖不在現實之外，而要向內在尋求。這將大乘佛教理論闡述得最為徹底。

煩惱和成佛相反，但相反的東西距離卻又很近。這是很精湛的概念，卻因為是悖論而無法證明，所以只能相信。而且，太子說大乘佛教相信煩惱裡面藏有菩薩和佛。

《勝鬘經義疏》裡有談到這件事。事實上，太子自己也身處煩惱之中。他是一國的攝政，身分相當於現在的總理大臣，處於政治權力的中心。況且他又有三個妻子。這也是煩惱世界哦！

太子的傳記敘述夫人們相互妒忌的情形。斑鳩㊾有中宮寺、法起寺、法輪寺三座寺廟，分別安置三位夫人。太子必須妥善處理三個妻子的問題。這就是他最大的煩惱。我想，正因有此體驗，才引導他進入如來藏思想的吧！後來親鸞曾盛讚聖德太子，相信親鸞一定對他的處境感同身受。我想，這也就是大乘佛教。

如以上所言，聖德太子將《法華經》、一乘佛教置於日本佛教的基礎之上。一乘佛教的特徵是統一與平等的思想。這個傳統從聖德太子到最澄、日蓮，甚至到現在的新興宗教，都一直深植在日本人的觀念裡。此外，正如各位所知，做為一乘佛教另一個面向的如來藏，在淨土宗非常活躍。故就此意義來說，聖德太子確實是日本佛教基礎的奠定者。

---

(52) 此指奈良縣生駒郡的地名，因世界遺產「法隆寺」而聞名。

繼承太子佛教傳統的最澄

對聖德太子若非抱持如此看法，就無法討論最澄這個人。聖德太子讓佛教在日本扎了根，但是，也有各種不同宗派進到日本來，例如三論宗㊾和法相宗㊿等等。玄奘大師繼承了四世紀左右印度人世親的教誨，成為法相宗。玄奘就是那個因「孫悟空」而知名的法師。

此外，設立東大寺的華嚴宗(55)也進入日本。這也是非常重要的佛教支派，而各宗派的佛教在日本都很興盛。

活躍於日本的佛教在與各種政治權力結合之後就墮落了。例如，道鏡就被斥為一個很糟糕的和尚。

道鏡受到當時的女帝孝謙天皇寵愛，後來自己很想當天皇。而且孝謙天皇也想把國家當禮物送給自己的愛人。這真是戀愛的最高境界啊（笑）！就戀愛而言，實在是太完美了，但若考慮到日本這個國家，那可就麻煩囉！總之，就是出現了這樣一個能在政治上呼風喚雨的和尚。為了整頓混亂的政治情勢，桓武天皇後來將國都遷到京都。此時與天皇攜手合作，進行新佛教改革的就是最澄。

誠如各位所知，最澄成立的是天台宗。天台宗源自隋朝，開山始祖是

㊸ 三論宗是中國與東亞地區大乘佛教的宗派之一，將印度龍樹之「中論」、「十二門論」及其弟子提婆的「百論」合稱為「三論」。

㊹ 法相宗是繼承印度瑜伽行派（唯識派）思想，在中國創始的大乘佛教宗派之一。

㊺ 華嚴宗又稱賢首宗，漢傳佛教的流派之一，以《華嚴經》為所依，故稱為「華嚴宗」。日本華嚴宗於西元七三六年由審祥傳入。

六世紀時中國的天台智顗。這個原本非常興盛的宗派後來沒落了，那是因為天台智顗和惡名昭彰的隋煬帝私交甚篤的關係。就這樣，頹敗的中國佛教被最澄引進日本，並將根據地設在比叡山。

天台宗以《法華經》為中心思想，也就是一乘佛教。最澄創立天台宗是因為有聖德太子的緣故。倘若太子不曾存在，我想，最澄一定不會創立天台宗。最澄似乎也將太子視為日本佛教之父。他在比叡山設立根據地，發展太子引以為中心思想的《法華經》佛教，也就是天台智顗的佛教。

後來，因為桓武天皇無法忍受南都佛教㊻的腐敗，展開政治與佛教的革新。最澄也參與協助，讓天台宗在最澄一代與奈良佛教㊼相抗衡，後來甚至發展得更壯大。

最澄的悉有佛性思想

而最澄思想的要點是什麼？我認為可分為兩大部分。

首先，他是一個辯論家，這在日本是非常罕見的類型。南都六宗對他這種以《法華經》為中心思想的佛教有諸多批評。

其中批評聲浪最大的就是名為德一⑱的人。德一原本住在會津地方，

⑯ 南都佛教指南都六宗，是奈良時代以平成京為中心而興盛的佛教六宗派（法相、律舍、三論、成實、華嚴、律宗），亦稱奈良佛教。

⑰ 奈良佛教，參前註。

⑱ 德一（749-824）是奈良時代至平安時代前期法相宗之僧侶。

後來騎著牛來到京都。他犀利地對最澄下戰帖，最澄也對此做出回應。德一的著作已經佚失，不過，在最澄回應德一的書籍裡，有關德一著述的摘要內容精采。最澄是站在前面所提及的一乘思想上應戰的。

德一代表的是南都六宗，簡單歸納他的想法，可知他認為只有非常少數的人能夠成佛，不具佛性的人比比皆是，有的則不知究竟有無佛性。不但擁有佛性的人稀少，而且有佛性者仍必須克己、修身、苦行，最終才能成佛。德一主張這才是釋迦的理念，也才是佛教的思想。其實，我也認為釋迦的思想和德一的觀念比較接近。

但是，最澄反對這樣的論點，認為佛性並非僅限於特定人士；舉凡一切眾生都有佛性，所以要大家努力修行、認真生活、致力行善，如此，日後必能成佛。就算今生無法達成，但只要反覆投胎幾次，終究能夠成佛。他的意思就是，在不斷的重生、轉世之間，有朝一日必能成佛。

換言之，人是平等的，或多或少都有佛性。只要累積善行，必能在數次的轉生後成佛。

最後，最澄說了「草木國土悉皆成佛」這樣的話。他斷定不僅是人類，連動物、植物、草木、甚至國土，萬事萬物皆俱佛性，都能成佛。這種思想在我待會兒要介紹的《天台本覺論》裡得到了進一步發展，不過最初的萌芽還是從最澄開始。

從這裡起，最澄的佛教就異於釋迦佛教了。說到底，釋迦的佛教還是以人類為中心：開悟的是人類，而且只有一小部分的人，在經過克己、苦行的歷程之後才能開悟。這就是釋迦的佛教，對吧！那麼，剩下的人要怎麼辦呢？就必須崇拜偉人，蒙其恩澤才行。南都佛教的觀念也是如此：亦即透過崇拜得道高僧，讓自己也能得救。

然而，最澄的想法卻與前述思想大為不同。他認為人類都平等地具有佛性，而且不只人類，一切眾生都有佛性，都能成佛。我認為這正是日本佛教的本質。在思考日本的佛教與日本人的信仰時，這是非常重要的關鍵。

最澄戒律的落實

另一個重點是戒律的問題。看看最澄的生涯就會明白。他出生於比叡山山腳下的坂本地方，是名為三津首的歸化氏族之子。十二歲出家，十四歲受戒，法名最澄。

他原本在近江的國分寺學佛，十九歲到國都奈良，在東大寺戒壇被授予戒律，也就是正式得到僧侶的資格。但是，半年不到他就離開，進入比叡山。明明好不容易才得到資格，抓住功成名就的機會——話說當時身分低微的人，唯有出家才能出人頭地，為何放棄這條康莊大道，獨自到深山裡去呢？

我認為此事意味著最澄對於戒律的疑慮。在東大寺為他授戒的是道鏡的眾弟子，他們也正是當時的權力中心。最澄一定私心質疑這些傢伙所授予的戒律到底是什麼鬼東西，於是，才會想自行創設新戒律吧！

在印度制定的兩百五十條戒律，原封不動地輸入了日本。並且，受戒儀式須由十位法師執行，不但過程繁複、瑣碎，戒律又窒礙難行。因此，最澄批判那些戒律是依據印度的風俗習慣所設立，並不符合日本的實況。同時，頒授戒律的眾法師本身就很腐敗。說到底，所謂的戒，並非向人起誓，而是向佛立誓。難道不應該建立深入內在且真實的戒律，而非表面化、形式化的戒律嗎？於是，他向當時的嵯峨天皇提出成立新戒壇的建言。

那些戒律，引發了很大的論爭。當時，最澄向天皇獻上《顯戒論》㊾一書，將自己對於戒律的想法表達得十分清楚。

到那時為止的戒律其實是小乘佛教的戒律，而非大乘佛教的戒律。小乘佛教的戒律要求在十位法師前宣讀二百五十條戒律。但那些戒律過於繁瑣，根本沒有人在執行。事實上，只要一位法師即可，甚至沒有法師也無甚妨礙。要發誓就向佛陀發誓。而且只須保留最重大的十條便可。以上就是最澄的觀念。他主張簡化戒律，並加以落實，不能流於形式。

其中最澄最重視的戒律就是內心的清淨；必須不斷在佛前懺悔自身罪過，以潔淨內心，這稱為「一向大乘戒」。可是，此事在最澄生前都未受認同，一直到他死後才獲肯定。

最澄似乎相信一向大乘戒的想法也存在印度與中國，但實際上並非如此，而是日本所獨有。戒律的精簡與落實是為了降低出家與在家的區別。從這裡我們已經看見在家佛教的萌芽了。

其實我還有許多想要說的，但以上兩點是最澄佛教的主要特徵。此外，他也在比叡山研究了加持祈禱的密宗、禪宗，以及大乘佛教的律法。而以最澄的悉有佛性為理念的比叡山佛教，到了後世也發展出眾多佛教的宗派。

㊾《顯戒論》共三卷，成立於弘仁十年（西元八一九年）。

最澄與空海

我認為空海是能與最澄並列的偉大宗教家。就能力而言，或許空海還略勝一籌呢！那麼，空海和最澄的思想差異何在？

簡單來說，最澄提倡所有人都具有佛性，但是，成佛卻相當不易。最澄是很有反省能力的人，也自認自己很難成佛。因此他避離世俗，深入山林，專注於嚴苛的修行與思索。即便如此，仍不知能否成佛。假使依舊不能，便想：死後到另一個世界繼續修行，最後或能成佛。像這樣，累生累世不斷精進，也許有朝一日終能成佛。這就是最澄的想法。

至於空海的佛教則是真言密宗。密宗有別於一般的釋迦佛教；釋迦佛教的本尊是釋迦如來，而密宗敬拜的是大日如來。

釋迦如來是人或是神格化的人，而大日如來所神格化的是太陽。因此，自然界的根本就是大日如來。就此意義而言，我認為密宗非常具有印度教的思想。這樣的佛教先傳到了唐朝，再由傑出的天才空海帶進日本。

所以密宗算是自然信仰。大日如來是大自然的展現，而且無所不在；不僅在人類、樹木裡面，也存有於自然萬物之中。就此而言，密宗信仰是泛宇宙論的佛教。日本原來就有自然崇拜的信仰風土，於是，密宗的觀念在日本很容易就被接受了。信徒為數眾多。

空海的概念則是即身成佛[60]，亦即靠這副軀體就能成佛，而且是在現

---

[60] 即身成佛又稱現身成佛、現生成佛。乃密宗術語，意指在現世中將一般凡人的色身直接轉化成佛的法身而成佛，是密宗追求的修行成果。

世就能做到。假使讓空海陳述己見，他應該會說最澄並沒有理解真正的佛教吧！

佛教並非那麼悲哀的宗教；佛教思想能大膽地肯定現世與肉身。所以用現世的肉身就能成佛，不能像最澄那樣總是苦著一張臉。我們必須要更開朗。以密宗的話來說就是開懷大笑。如此，才是佛教的世界。想為人鞠躬盡瘁的最澄，卻總是一副悲傷的表情，那是因為他並沒有真正理解佛教的內涵。是故自利的想法就是真言的思想。

空海總是笑容滿面，充滿活力對吧！相對地，最澄每每視線低垂，一臉苦楚。這正充分表現出二人之間的基本差異。累生累世的轉世、再生，有朝一日終能成佛的想法，和那種在有生之年便可即身成佛的信念，實在大異其趣呀！話雖如此，天台宗還是受到空海思想的影響。

結合最澄與空海的思想所產生的就是平安時代的佛教，那裡出現了天台本覺論的思想，而天台本覺論的核心概念就是草木國土悉皆成佛。我認為這個概念最能表達日本佛教的特徵。

人類以外，當然還包括動物、草木、國土，總之一切的一切皆能成佛。因此，日本佛教可說已經變成萬物有靈論⑥了。這和本書第一部提到的日本原始信仰非常接近。換言之，自繩文時代起的日本原始信仰讓佛教產生質變，轉化成泛靈的信仰。

就這樣，平安時代的佛教是以最澄為中心而發展起來的。接下來的鎌倉時代，就要面對另一波巨大的宗教改革了。

---

⑥萬物有靈論也稱泛靈論（animism）或泛神論，認為「一棵樹和一塊石頭都跟人類一樣，具有同樣的價值與權利」。

法然㊷的專修念佛

鎌倉時代是既成秩序崩壞的年代，因此末法思想非常流行。釋迦涅槃後的五百年稱為正法之世，其後的一千年為像法之世。

在正法之世、像法之世時，尚有許多傑出人物在世，世間也還保有基本秩序。但佛教告訴人們：接下來的末法之世，佛陀的教誨會沒落，人會變得無所適從。平安時代末期開始，許多人都深刻感知末法之世已然來臨。

於是，該如何面對律令體制崩壞、社會秩序紊亂的時代，是許多人內心的疑惑。艱澀的理論已無法給人帶來救贖，大家也不想再管那些艱澀的理論了。鎌倉時代的民眾開始認真叩問：有沒有簡單一點的方法？

在此情境下，首先出現的是法然。這時流行的是淨土宗思想，亦即人死後會到阿彌陀淨土去。這固然也受到前述日本古老的彼世信仰所影響，但另有很大一部分是來自源信[63]。源信是天台宗的僧侶，著有《往生要集》[64]一書。本書在當時空前暢銷，講述人間現世之辛苦，以及往生淨土的美好。提倡只要專心念佛，死後便能到淨土去的思想。

念佛在當時的意思是誦念佛陀之名，也就是對於佛陀的想像。例如

---

[62] 法然，平安時代末期、鎌倉時代初期僧侶，日本淨土宗的開宗祖師（1133-1212）。

[63] 源信，大和（今奈良縣）人，世稱惠心僧都，天台宗高僧（942-1017）。

[64] 《往生要集》，共三卷，西元九八五年完成。集結了極樂往生的重要文章，闡述念佛旨趣與功德，是日本淨土教的思想基礎，其中關於地獄的敘述對後世影響很大。

《觀無量壽經》⑥寫著：只要腦中時時刻刻浮現極樂淨土，不久就會看見極樂世界的土，接著是水，再來是樓閣，然後是阿彌陀佛，最終更能看見自己轉世彼岸的樣子。

好好修行的人，臨終時必會見到阿彌陀佛來迎接自己到極樂世界去。若不做嚴苛的修行就沒有辦法。但這下問題就嚴重了。豈不是只有和尚才能往生極樂嗎？一般的在家俗人又該如何是好？答案是必須多多捐獻給寺廟或僧侶。

平安時代末期是這種淨土思想的全盛時期，但照此想法，真正能到極樂淨土去的人少之又少，因為實在沒有什麼人能實踐那麼嚴格的修行。況且，有能力奉獻大量財物給寺廟和僧侶的人也是少數。換言之，能夠往生極樂淨土的只有特定的和尚與貴族。

因此，對於極樂淨土的要求，多數民眾都無法從中獲得滿足。不僅今生的欲求不能實現，到彼世去的宿願也無法得償。而後來為這個問題找到解決方向的就是法然。

法然改變了對於念佛的解釋，堅定地說：念佛並沒有那麼困難，只要嘴裡念著南無阿彌陀佛即可。他也提到經典裡講的念佛，就是唱誦南無阿彌陀佛而已。

法然的解釋是這樣的：經典裡面當然也闡述了比較艱澀的念佛方法，但那只是表面如此。其實，釋迦暗自提倡了別的方式——即口稱念佛才是真正往生淨土之道。法然從中國唐朝淨土宗僧侶善導⑯那裡得到如此的根據，稱之為偏依善導，也就是完全遵循善導，將念佛解釋為口稱念佛。他

---

⑮ 原名《佛說觀無量壽佛經》，略稱《觀無量壽佛經》，亦稱《十六觀經》，淨土三經之一。

⑯ 善導，安徽泗州人（一說山東臨淄人），唐朝高僧，被尊為淨土宗二祖（613-681）。

明確地說：如經上所示，臨終前暗誦十次阿彌陀佛，人人皆可往生極樂淨土。

這樣的教誨讓當時的民眾感激萬分。原本他們都認為自己無法往生極樂世界，能夠去的只有特權階級而已。但現在只要遵守法然的指示，唱誦十回南無阿彌陀佛，人人都能往生極樂淨土了。

法然認為這對末法時期的凡夫俗子是輕省、容易實踐的教誨。只要簡單的修行便能往生極樂世界，也就是能夠成佛的意思。這樣輕鬆的成佛之道，別處是再也找不著了。當時正值源平之戰，世道混亂，戰爭頻仍，因此，比起現世，人民更期待彼岸的世界。在此情況下，教導民眾死後如何往赴淨土，順利抵達彼岸的法然，自然就成了最受歡迎的救星。

當法然變成民眾尊敬、擁戴的對象時，也成了舊派佛教憎恨的箭靶。因為要是真如他所言，口稱念佛便能往生極樂，得道成佛，那麼以後就沒人願意刻苦修行了。就這樣，時代在對於法然的毀譽參半之下，迎向鎌倉時期的佛教。

法然固然提倡這種輕省的教義，但他自己卻一直堅守戒律，既有「智慧法然大師」之稱，也有人說他是勢至菩薩㊀的轉生，而且學問淵博。他在充分研究之餘，仍理論性地主張口稱念佛便能得救的概念。

㊀ 勢至菩薩，西方極樂世界阿彌陀佛的右脇侍者，八大菩薩之一，因以念佛修行證果，被淨土宗奉為法界初祖，與觀世音菩薩、文殊菩薩、普賢菩薩、地藏菩薩齊名。

吃肉娶妻與「愚禿親鸞」

但親鸞⑥⑧卻不同。年輕時，親鸞聽了法然的教導，成為他的弟子。但親鸞卻認為：既然連十惡不赦的壞蛋都能靠念佛得救，那麼，吃肉娶妻應該也沒有什麼關係。於是就實踐了自己的理念。這真是一個重大的革命。

後來舊派佛教壓迫念佛教團，使親鸞與法然同遭流放之罪。據說當時親鸞被取了一個俗名叫藤井善信，但親鸞卻將其奉還，自稱「愚禿親鸞」。

過去我對這件事並沒有特別重視，後來才發現他自稱「愚禿親鸞」別有意思。「愚禿」字面上是愚蠢的禿子，就是所謂的無賴、痞子。換言之既非出家人，也不是在俗之人。他被禁止繼續做和尚，剝奪了僧侶的資格，但事到如今也無法再做回一般的世俗之人了。那麼，自己現在究竟是什麼呢？說起來只能算個披頭散髮的無賴吧！於是他向官方申請，用「愚禿親鸞」當作自己的姓氏。這是相當強烈的嘲諷。而官方竟然也允許了。我想，大概因為他們不大懂愚禿的意思才答應吧！

與親鸞一起被放逐時，法然已七十五歲了。形式上是被放逐，其實還頗受禮遇。原本命令將他下放到土佐國（高知縣），但後來只到讚岐國（香川縣）附近而已。相對地，當時才三十五歲的親鸞被流放到越後國（新潟縣）去。後來似乎在當地與惠信尼⑲結了婚。四年後，流放之罪解除，卻因有自己想去的地方，所以沒有回京都，而是去了常陸國（茨城縣）布教，

⑱ 親鸞，鎌倉時代前半期至中期的僧侶，被視為淨土真宗的宗祖（1173-1262）。

⑲ 惠信尼，據傳為親鸞之妻，父親為越後國豪族三善為教。惠信尼因積極支持丈夫宣講佛教而聞名（1182-1268）。

直到六十三歲才回去，一生幾乎沒沒無聞。法然當時幾乎是無人不知、無人不曉的人物。相較之下，弟子親鸞在常陸地方雖小有名氣，但回到京都來卻不為人知。

不過，這樣的親鸞到後世卻成為淨土宗的中心領袖。當然，有許多地方要歸功覺如⑳和蓮如㉑，不過最主要還是因為親鸞留下了卓越的思想之故。

前陣子我重讀《歎異抄》㉒，對親鸞實在佩服之至。至於法然，則是個乾脆俐落的人，亦曾留下傑作《一枚起請文》㉓。書中把多餘的部分全部省略，只簡單清楚交代了他的人生。

能用簡潔的文章將自己的人生交代清楚的人並不多見，因此讓人看到一個清淨、明晰，如水晶般通透澄澈的世界。與此相較，為親鸞著作做注解的文章卻有些朦朧混沌，不甚清楚，但是份量很重，凝縮了紮實的內容。

其中由唯円⑭編纂的《歎異抄》比較容易了解，這本書我還需要仔細研究。法然和親鸞相差四十歲，而唯円又比親鸞小了快五十歲。十九歲的唯円與當時六十八歲的親鸞相遇，之後侍奉他十幾二十年。親鸞離世後三十年，唯円感嘆他的教誨已快被忘卻，於是回歸正統的親鸞教義，編著《歎異抄》一書。我認為這是一部非常傑出的著作。

《歎異抄》比親鸞自身執筆的內容更為明晰。世間對親鸞有諸多誤解，但我認為唯円非常了解他。《歎異抄》不但有法然教誨中明白清晰的

⑩覺如（1271-1351），鎌倉時代末至南北朝時期淨土真宗的僧侶。
⑪蓮如（1415- 1499），室町時代淨土真宗的僧侶，被尊稱為蓮如上人。
⑫《歎異抄》，鎌倉時代後期完成的佛教典籍，作者為師事親鸞的唯円。
⑬《一枚起請文》，法然死前留下的遺言。一般被題為「法然上人御遺訓一枚起請文」（西元一二一二年完成）。
⑭唯円（1222-1289），鎌倉時代淨土真宗的僧侶。親鸞晚年的關門弟子。

特質，也兼具了親鸞思想的嚴肅莊重。總之，是很了不起的作品。

法然的極樂淨土與親鸞的還相迴向

誠如以上所言，淨土宗因法然和親鸞而得以普及。但我們要問的是，這個教派的內涵如何？或者說，法然和親鸞到底想表達什麼？我認為法然和親鸞最重要的論點有兩個。

首先是大開極樂淨土之門。這是法然的一大功勳。在那之前，能夠往生極樂淨土者只有極少數，而且，要去極樂淨土前必先經過嚴苛的修練。因此大多數民眾都被拒於門外。法然卻認為人人皆可往生淨土，你我都能得道成佛。最澄說過「悉皆成佛」這句話，但具體的方法並不清楚。明確指出方法，並為所有人開闢往生之道的就是法然。

親鸞固然繼承了法然的觀念，但二者之間仍有很大的差異。親鸞有很強的還相迴向的概念，意思是人死後還會轉生回來。

以下是《歎異抄》裡面說的話。自己從來不曾為父母兄弟念過佛，但這並不要緊，重點是自己能先往生極樂，成佛之後重新投胎轉世，再回到人間拯救父母兄弟。假如不能成佛，此事便無法完成。順序是先到極樂世界，再轉生回來人間。這就是還相迴向的概念。相對於往相迴向，還相迴向的思想是到了親鸞才出現的。我認為這就是親鸞的中心思想。

另一個是關於戒律的想法。在最澄時代，戒律就已落實化、精簡化了。到親鸞時，戒律幾乎已完全消失。話雖如此，依舊以懺悔的形式保留了少許的戒律。要懺悔必須先有違反了戒律的意識，所以，懺悔意味著最低限度的戒律。就此意義上來說，或許親鸞仍是重視戒律的。

最澄將兩百五十條戒律精簡、落實為十條。伴隨著戒律的落實，也強化了懺悔的思想。我的看法是，親鸞把落實戒律一事更向前推進了一步，因此懺悔就變成淨土真宗的思想中心了。

將以上所述者整理一下，就可清楚了解從聖德太子到親鸞為止日本佛教的主要流變。首先是佛性的問題。日本佛教的共通性存在於草木國土悉皆成佛的天台本覺論裡；有佛性的不僅是人類，連草木也都平等地擁有。另一個則是人死後去到彼世還會再回來的概念。而且，只要唱誦南無阿彌陀佛，人人皆能往生淨土，並在之後重新投胎轉世，回到人間。而最清楚明白指出這一點的就是親鸞。

道元[75]的禪宗[76]與日蓮[77]的法華[78]信仰

相對於此，要在短時間內論清禪宗的情況有些困難。簡言之，連親鸞的教義也指出開悟必須等到轉生後才有可能，但是後來出現新的觀念，希

[75] 道元（1200-1253），鎌倉時代初期的禪僧，日本曹洞宗的開山祖師，亦稱道元禪師。

[76] 禪宗，漢傳佛教宗派之一，始於菩提達摩，盛於六祖惠能，中晚唐之後成為漢傳佛教的主流，也是漢傳佛教最主要的象徵之一。漢傳佛教宗派多來自於印度，唯獨天台宗、華嚴宗與禪宗，是由中國獨立發展出的三個本土佛教宗派，其中又以禪宗最具獨特的性格。日本禪宗於鎌倉時代自中國傳入，因獲得鎌倉幕府支持，形成日本特有的佛教禪宗系統。

[77] 日蓮（1222-1282），鎌倉時代僧侶，乳名善日麿，日蓮宗即以他為始祖。

[78] 法華，此指以日蓮為開祖的佛教信仰法華宗，亦稱日蓮宗。

望不要等到來世，而想在今生就開悟。

弘法大師亦做如此想。但要怎樣才能達到這個目標呢？那就是坐禪。坐禪和釋迦的姿勢是一樣的，因此能和佛陀融為一體。而且山川草木，一切眾生都能成佛。明白提出這個論點的就是道元。

道元有個說法叫「身心脫落」，意思是坐禪時身體會消融，和宇宙合而為一，亦即成佛的意思。道元的《正法眼藏》⑲展現了極其不可思議的世界，號稱月光的神祕世界，同時又是一部傑出的哲學著作。

他的禪觀也別富興味，但是與中國的禪大異其趣。道元認為坐禪能和釋迦合一，進而與山川草木等一切眾生化為一體。

與中國禪相較，道元禪裡草木國土悉皆成佛的色彩濃烈得多。中國禪再怎麼說還是以人類為中心，但是道元的禪卻有大自然的芬芳。也就是說，大自然是一切的根本。這個觀念也形成日本佛教的一大潮流。不過話雖如此，只靠坐禪就要達到那麼高的境界畢竟極其困難。人們開始思考若想在今生就能成佛，是否還有更輕省一點的方法呢？於是，日蓮就繼而出現了。

日蓮的概念是要靠《法華經》信仰來成佛。《法華經》備受崇敬，乃最澄繼承聖德太子後日本佛教的中心經典，但無論《法華經》或天台的理論，內容都太艱澀了。人們渴望得知簡單一點的方法。因此，相對於那個主張唱誦南無阿彌陀佛，往生極樂淨土的法然，日蓮則提出能夠簡單表達對於《法華經》崇敬的妙語，就是：南無妙法蓮華經。只要說出這幾個字，就是在崇拜《法華經》，跟讀了整部《法華經》具有相同的功德。換

⑺《正法眼藏》，道元禪僧所執筆的佛教思想書。正法眼藏原指佛法的重要事項。歷時西元一二三一至一二五三年之鉅著。

言之，即使不讀艱澀的《法華經》經書亦無妨。這是日蓮的發想。

接下來要討論日蓮與親鸞的差異。日蓮認為此世便能成佛，今生就有淨土。法然和親鸞談的是彼世的淨土，但日蓮卻說：還得要等到彼世去，那怎麼行？

假如要到另一世界才能找到淨土，那人人不都得日日悲傷過活了嗎？其實今生就是淨土，大家要打起精神來。日蓮看來總是活力充沛，對吧？真宗卻沒有辦法，老是哭喪著臉。這就是最澄傳統和空海傳統的區別。

日本的佛教——祖先崇敬與死者供養

我的講解或許有些籠統，但這確實就是日本佛教的大致情形，而我深切地認為日本佛教的主流是淨土宗。因為在佛教傳入以前的日本原始信仰裡，把死者送往彼世就是主要的儀典。其內涵為何？即對祖先的崇敬與對死者的供養。

祖先崇敬是日本佛教的重大支柱。例如，我們不是有盂蘭盆慶典嗎？在日本，盂蘭盆儀式始於聖德太子的時代，聖德太子會供養已往生的父親。就這個角度來看，佛教自傳入日本起，就持續祖先崇敬與死者供養的習慣。可是，佛教原本並沒有這些儀式。誠如我在第一部所言，早在佛教傳入以前，祖先崇敬與死者供養就是日本原始信仰的一部分，後來才混入佛教裡，變成日本佛教的核心。而我們又該如何看待這件事呢？

日本佛教各宗派中最重視祖先崇敬與死者供養的是淨土宗。其實各個宗派都非常重視喪禮和死者供養，忌日、盂蘭盆、彼岸⑧這三者對日本人來說，是一年之中不可忽略的節慶儀典。

石川縣這裡是真宗王國。真宗裡有人說死者供養並非佛教儀式。理論上，這種說法確實純正有理；佛寺是不能進行這個儀式的。但我還是覺得死者供養在日本非常重要。因為別說在佛教之前就已經有了，甚至從繩文時代的太古開始，它就一直是日本人信仰的重心，只是後來融入佛教之中，成為佛教的部分內涵。或者更應該說：佛教為了在日本扎根，不得不把祖先崇敬與死者供養放入信仰核心，而此事是非常重要的。

那麼，要怎樣把第一部與第二部所談的內容加以聯結呢？我認為日本的宗教不可能只因佛教的傳入就輕易改變。

第一部我們談到了日本的原始宗教思想。其中眾生平等、死後轉生的思想並沒有改變，而且也被後來的日本佛教發揚光大了。換句話說，原始宗教一直流淌在日本人心靈深處，所謂只有特定人士才能得救的佛教思想在日本是無法生根的。因此，留下來的是最澄一切眾生皆能成佛的觀念，也就是天台本覺論中草木國土悉皆成佛的思想。

於是，只要唱誦南無阿彌陀佛，你我皆能得救的方便法門就在日本定著下來了；這種救贖具有人人平等的特質。此外，親鸞上人的還相迴向思想，亦即死後到彼世去還會回來的生命循環概念也在日本落地生根。

而日本的原始宗教與親鸞的教誨有何不同？古日本的原始宗教認為彼

⑻ 彼岸，以春分或秋分為準，前後為期一週的節日。日本人在此時掃墓，為已故親友祈求平安。

世仍以家庭為單位，和家人一起生活，永遠受到家庭的牽絆與束縛。但親鸞的教誨則非如此，他說到彼世去的是個人，個人會在那裡與他者建立夥伴關係，之後再回到這世界來。

在建設近代社會時，對於個人的重視確實有其必要。這似乎也意味著人必須從家庭與共同體中解放出來。而且，親鸞也清楚意識著自己說過的話：「倘若自以為善者能夠得救，那麼懺悔的惡人何以不能？」㉛換言之，佛教傳入之前的日本信仰，後來因為親鸞的緣故，發展成頗具現代性的個人宗教。

根據以上的思考，我們應該就能充分了解日本宗教的特徵了。

再重複前面的話。首先是眾生平等，都具有一樣的佛性，人類並非特別的存在。而且，人類之中也不限定特別有智慧的人才能往生極樂，一切眾生都能到極樂淨土去。無論佛教傳入前或傳入後，這種強烈的平等思想都是日本人的精神底蘊。

⑧1 這是悖論式的說法。指稱若行善修持的人能夠往生極樂淨土，那麼，自覺作惡，懂得懺悔的人為何不能得救？亦即不自詡為善，而有懺悔心的人更應得救之意。

再者，就是死後到彼世去仍會轉生回來的思想。它不僅存在日本的原始信仰裡，在佛教中也是一樣。有關這一點，柳田國男說了非常有意思的話。

若問日本人死後要到哪裡去？大部分的人都會回答到極樂淨土去吧！是否真的相信會到極樂淨土，那就不得而知了。畢竟佛教經典上明確寫著極樂淨土有西方十萬億佛土(82)之遙，而且遠到死後永永遠遠都再也回不來。況且，誠如各位所知，釋迦佛教的理想是脫離生死流轉，極樂淨土乃從生死輪迴中解脫之地。日本人是否真的相信還是個疑問。我們不是都說盂蘭盆節或彼岸節時，祖先會從山裡回來嗎？祖先到底是在山裡還是在極樂淨土並不清楚。不過柳田國男說，日本人會認為在山裡。

就這一點而言，日本人的想法確實曖昧；日本的宗教就是成立在這種曖昧性上。祖先似乎既在極樂淨土，又像身處山中。有些特別的時刻會在極樂淨土。而且祖先回來時，家人都會一同迎接。對日本人來說，這是最重要的儀式。這個信仰指出他們會先在山上停留一段時間再到天上去，然後又轉生回到人間。

讀親鸞的書，會發現親鸞上人似乎也認為人死後會從極樂淨土轉生回來，也就是還相迴向、有順序的生命概念。這就是日本人的宗教觀。生命是永遠循環，永遠存在的。活到這把年紀的我，覺得還是這種信仰最好（笑）！

因為這種想法最自然嘛！既不傷害人，又不傷害自然，還可以輕鬆地

㉜ 一佛土涵蓋一個三千世界，相當於十億個銀河系。

死掉。所以我們千萬不可失去這樣的信仰。

（本稿以一九八七年八月八日、九日金澤市的演講記錄為本，重新整理而成）

2

印度思想與日本文化

釋迦倡導的兩個理想

印度思想對日本文化影響很大，我自己也從印度思想中得到決定性的影響。今天除了要談印度思想給日本文化帶來了什麼，也要談談對我的影響何在。

印度思想對於日本文化影響最深之處莫過於佛教。根據日本史書《日本書紀》所載，佛教於西元五五二年傳入日本。當時佛教在東亞正是盛況空前。

而那時中國正當南北朝時代，南北朝可說是佛教的全盛期。於是，這波佛教浪潮也湧進了極東的島國日本，同時，這波浪潮亦為文明的浪潮。

在其中，日本進行了嶄新的國家建設。七世紀初，出現名為聖德太子的皇太子，同時他也是一位對佛教有充分了解的偉大政治家。聖德太子向剛邁入興盛期的隋朝取經，要將日本建設為一個律令國家，並將佛教放在律令國家意識形態的根本上。就這樣，七世紀初的日本突然變成了佛教王國。而在佛教傳入日本兩百年的七五二年，一座宏偉的寺廟東大寺落成，執行大佛開眼儀式的是印度人婆羅門僧正①。佛教傳入兩百年，日本已完全成為佛教國家。

這股興隆的佛教發展態勢毫不停歇，九世紀初，出現了最澄和空海，分別創立「天台」與「真言」兩大宗派。到了十三世紀，法然、親鸞、榮

①南印度出身的僧侶，名為菩提僊那（Bodhisena, 704-760）。原先赴中國，西元七三六年應遣唐使之邀來到日本。七五一年成為僧正，翌年為東大寺大佛開眼供養。

西、道元、日蓮等傑出的僧侶接連輩出，在日本創設新的佛教宗派。不管各自的實質理念為何，基本上全都是發祥於印度，再經由中國傳入日本。

如此看來，日本一貫是佛教國家。至今仍有很多日本人是佛教徒。在東亞，這一點可說與中國、朝鮮大異其趣。中國佛教的全盛期是南北朝時代，到了隋、唐略微衰頽，宋朝以後，就被傳統的中國宗教即儒教與道教所凌駕。朝鮮也一樣，宋朝時受中國影響，儒學興盛而佛學衰微。

所以，至今仍保持佛教國家傳統的是日本、泰國、緬甸與斯里蘭卡。而只要還是佛教國家，日本人就對佛教始祖釋迦的故鄉印度懷有深刻的敬愛之情。

然而，傳入日本的佛教並非小乘佛教，而是大乘佛教。西元二世紀左右，大乘佛教因龍樹所倡導的新佛教運動而在印度勃興。

今天，我們可從歐洲歷史學對佛教的研究成果清楚得知：原本活躍於西元前五世紀印度恆河流域的釋迦學說，受到後來的大乘佛教人士輕蔑，被冠以小乘之名。做為新佛教運動而發展的大乘佛教與釋迦教義已相去甚遠，但是，日本這樣一個遠東之國，對相關情形無從知曉，便把大乘佛教當作真正的佛教引入，又將許多部分做了改良，以符合日本風土。於是，佛教就這樣在日本生根了。

說實在話，日本的佛教與釋迦佛教相距甚遙。例如，釋迦佛教有相當嚴明的戒律：僧侶全都得出家，不能娶妻生子，沒有財產，以化緣維生等。而且男僧有兩百五十條戒律，女尼有三百五十條戒律，這些戒律皆務必嚴格奉行。然而，今天的日本並無任一僧侶集團遵守如此嚴苛的戒律。

日本的僧侶與俗世之人一樣，可以娶妻生子，吃肉喝酒。除了穿僧服、住寺院以外，與一般人幾乎別無二致。看似二次世界大戰後才變成如此，但事實上這是早已歷經了長久的日式佛教傳統。

九世紀的日本佛教創始者最澄認為男僧兩百五十條、女尼三百五十條的戒律過於繁瑣，於是修正、精簡為最重要的十條，稱為「一向大乘戒」。接著，十三世紀的僧人親鸞清楚表明立場，認為假使念佛即可往生淨土，那麼，吃肉娶妻應該也沒有妨礙。這個宗派稱為淨土真宗，是日本最興盛的教派。戰後其他宗派的僧侶也都仿效淨土真宗的做法。

就這樣，日本的佛教與釋迦佛教實在是大異其趣。不過即使如此，釋迦的精神還是存在的。釋迦教誨在詮釋上有各種可能性，但我個人認為，他所傳遞的理想有兩點具有永恆的價值。

首先是對愛欲的批判。釋迦認為人世間是苦的。苦的原因何在？是因為有愛欲。愛欲使人與人產生各種紛爭，無法從痛苦中逃脫。而且，相信人會不斷投胎轉世的釋迦，認為愛欲的痛苦世界會永遠持續下去。

因為有愛欲，人在世上就必須受苦。即便轉生，也無法從這個永劫的痛苦世界解脫，於是，他倡導消除愛欲。他對愛欲做了各種不同的觀察，得到虛無與無常的結論。但只要能夠斷絕愛欲的根源，人便能從愛欲中解放，獲得自由。而從愛欲中解放的人，今生既可過得平靜安穩，死後亦能擺脫痛苦輪迴的糾纏。

釋迦對於愛欲的批判，在現在這個時代仍非常具有效力。不，或許應該說釋迦批判所扮演的角色有愈來愈重要的趨勢。因為，現今的資本主義文化就是成立在對於愛欲的全面肯定上。

假如釋迦還活著，必定會對受愛欲支配的現代人投以強烈的譴責，並批判核戰危機與環境破壞全都是愛欲的產物。甚至會提出警告：愛欲是根植人心最深的業障，假使無法從中跳脫，有一天人類終究會滅亡。在釋迦的眼中看來，人類恐怕就像《法華經》說的：「於火宅內、樂著嬉戲，不覺不知，不驚不怖。」所以，我認為愛欲批判是釋迦學說中永恆不朽的真理。

前文提過，日本的佛教屬於大乘佛教，對於愛欲的批評並不像釋迦那麼徹底。大乘佛教的始祖龍樹就對愛欲採取了比較寬容的態度。當然，愛欲本身是不能肯定的，那是「有執」。但是太拘泥於否定愛欲也不行，因為那是「無執」。龍樹的立場是要跳脫「有執」與「無執」，取得自由，進入「空無」和「中庸」的立場。

就這一點來說比釋迦佛教寬容許多。因此，以龍樹為開山祖師的大乘佛教，沒有讓釋迦嚴格的愛欲批判充分流傳到日本來。

誠如前述，佛教嚴格的戒律思想被九世紀的僧侶最澄做了大幅的修正。到十三世紀的親鸞，甚至將戒律全部都捨棄了似的。那麼，佛教這種愛欲批判的特徵真的沒有傳入日本佛教嗎？但若失去了愛欲批判的特質，或許可說不再是佛教，因為已經大幅偏離釋迦的精神了。

四德——理想的日本人形象

確實如此。特別是日本的大乘佛教，卸下了否定愛欲這種嚴格的理想。取而代之的是大大揭櫫菩薩道；菩薩道就是「自利利他」的修行。

當然，「自利」做為佛教的理想也是有必要的，連自己都不能得救，又遑論救人。所謂「自利利他」，就是自己達到冷靜的開悟境界，再將他人從痛苦中解救出來。而大乘佛教更強調「利他」的修行。有個知名的故事叫「捨身飼虎」，講述釋迦的前世是「雪山童子」，「雪山童子」從懸崖上跳下來，用自己的肉身餵養飢腸轆轆的老虎。犧牲自己，救助他人，就是大乘佛教的精神。

日本接受大乘佛教，是因為大乘佛教菩薩行的思想深深打動了優秀的日本僧侶。剛才提到九世紀的最澄，有關戒律，他採取相當寬容的態度，卻為菩薩行訂定了非常嚴格的標準。他的信念是：身為僧侶，不能考慮自己的利益，必須完全為眾生、為國家而奉獻。

他們認為宗教人士必須善於教誨，刻苦向學，端正行為，同時還必須富有執行力。有學問又有執行力的人是國家之寶。相反地，能言善道卻無法實踐，做一個學者或許仍有用處。再者，口才不好，沒有學問，但是行動力強，這樣也有益於國家。若既不會講話，又不會做事，換言之，沒學問又沒執行力，那麼對國家而言便如同盜賊、害蟲一般了。

所以，有學問又有執行力才是國家應該網羅的人才，是國家的寶藏。

大乘佛教所倡導的修行中有「六波羅蜜」②之說，亦即布施、持戒、忍辱、精進、禪定和智慧（般若）。

布施就是施捨予人，可大致分為金錢與財物的財施，以及傳授教誨的法施。前者是在家眾的功課，後者是出家人的任務。持戒是受持戒律並加以遵守。忍辱是即便他人口出惡言或危害自己也會盡力忍耐。精進則是不頹喪、不氣餒，勤修善行，阻斷惡事。禪定則是集中心志，磨練出足以洞見真理的智慧。而般若意指能勘透萬事萬物的本質是無常、空、苦、無我。其中，禪定和般若屬於比較專門的修行，但布施、持戒、忍辱、精進四者，任何人都能做到。

我認為上述四德深深浸潤至日本人的理想之中；對日本人來說，最受尊敬的可說就是具備此四德的人。換言之，不吝惜將自己的錢財、智慧與

②六波羅蜜，佛教術語，又稱六度或六波羅蜜多。波羅蜜為梵文，為「究竟、到彼岸」之意。在大乘佛教中，「六度」是「六種可從生死苦惱之此岸，得渡到涅槃安樂之彼岸的法門」。

他人分享，嚴以律己，謹言慎行，不因他人的批評而輕易發怒，並能堅持信念，勇敢精進。這四者就是日本人的理想形象。

開拓新宗派的日本高僧，以及成就各宗派大業的法師都是大乘佛教「自利利他」與「六波羅蜜」修行的實踐者。有關這個「自利利他」的菩薩修行，有各種不同的解釋。譬如說，有強調「自利」的真言宗和禪宗，也有更強調「利他」的天台宗和日蓮宗。但無論何者，共通處都以大乘佛教「自利利他」的精神為本，並且重視「六波羅蜜」的修行。

誠如剛才所言，佛教對日本的影響比中國與韓國更深；大部分的日本人都是佛教徒，甚至和印度本國比起來，可說日本人信仰得更虔誠。因此，佛教才會傳播到日本的各個角落，菩薩的理想深藏在每個日本人的心靈深處。有一個文學家把日本人心中的菩薩道理想引發出來，並將它重新呈現在日本人眼前。那就是宮澤賢治。

一八九六年，宮澤賢治出生於日本邊陲之地的岩手縣。直到一九三三年死於肺結核為止，他幾乎一生都沒離開過那裡。在岩手或教書授課，或參與農民運動，一輩子默默無聞。死後才被發現竟然遺留了大量的詩與童話作品。他是為了弘揚大乘佛教的教義而寫詩與童話的。

因此，他的童話絕非只為小孩而寫，毋寧說，更是為了簡單明瞭地把大乘佛教的教義傳播給大人而寫的。之所以採取童話的形式，是因為他認為一切眾生皆有佛性之故。

「悉有佛性」是大乘佛教的經典之一《涅槃經》裡的思想。賢治認為不只人類有心，動物和植物也有。所以在他的童話裡，不論動植物或一切眾生都擁有心靈，書寫的是他們之間的爭奪及相愛的故事。

依循這種概念，賢治寫了許多美好的童話，其中表現最強烈的就是為受苦的眾生犧牲生命，稱為菩薩「犧牲死」的精神。在他的各個作品裡都表現了這種思想。

我認為宮澤賢治實在是個菩薩。說得更精準一點，在這個人人臣服於資本主義腳下的時代，他是為了向世人展現日本人心中的菩薩道理想所化身的菩薩。最後也因過勞而死，這樣的死亦遂行了他修持的菩薩志願。

「四姓平等」的實現

這種菩薩道的精神現在依然影響著日本，也形成日本人最美好的道德。現代日本有各種不同的菩薩。例如，有人會為了公司鞠躬盡瘁，完全不圖個人私利。也有人不論遭受怎樣的攻訐都不還擊，專注地邁向自己所信仰的道路，以成就一項志業。日本確實有這樣的人存在。

不可否認地，日本人偉大的道德思想就是淵源於大乘佛教的菩薩行。就這點而言，大乘佛教的理想仍活在日本人心中，成為日本的道德觀，也可說是一直支持日本經濟發展的力量。因此，在思想上，日本實在蒙受了印度莫大的恩惠。

第二點，佛教有一種稱為「四姓平等」的理想。據說，釋迦活躍的西元前五世紀，是一個都市文明發展，階級秩序混亂的時代。即便如此，仍可以確認「四姓平等」的理想在當時是非常明確的主張：即隸屬婆羅門、剎帝利③、吠舍④、首陀羅⑤這「四姓」者，全都是平等的，不會因為出生之別而有不同待遇。「四姓平等」的理想到了大乘佛教也毫無改變，或者毋寧說，大乘佛教更進一步實現了「四姓平等」的理想。

佛教傳入日本時，日本還是氏姓制度的國家。氏姓制度也是一種種姓制度。這個制度肇因於自外渡來的彌生人征服了原住民繩文人，因此，人的階級和職業從出生時就被決定了。日本的種姓稱為「姓」，而且多達二十種。將佛教放在律令國家建設基礎上的聖德太子，幾乎無視於「姓」的存在。舉例而言，他重用一位姓「造」名「秦河勝」且原為朝廷侍者的渡來人，擔任相當於財政部長的職位。在日本，這樣的例子即便後世也很罕見。

此外，八世紀中期，女帝孝謙天皇篤信佛教，甚至想讓來歷不明的僧侶道鏡代替自己當天皇。她的願望雖然未被容許，但確實影響了後來日本身分制度的崩壞。假如當時做為日本國教的是儒教，絕對不可能發生這種事。

因為引進了提倡人人平等的佛教，讓日本這個近似種姓制度的氏姓制幾乎完全崩壞。當然，日本並非一下子就改造成完全平等的社會，不過自聖德太子起三個世紀後，大約十世紀時，日本幾乎就從氏姓制的魔咒中解

③剎帝利是古印度婆羅門教種姓制度王族中的第二等級，屬軍事貴族。

④吠舍亦為種姓制度的一個階級，為古印度社會的一般勞動者，亦為亞利安人的中下階層，包括農民、畜牧業者和商人，必須向國家納稅。

⑤首陀羅屬於種姓制度的最低一階（即第四階），是沒有人身自由的奴僕，負責提供各種服務和手工業。

放了。

我們不得不說，日本對於平等的要求隨著時代演進，變得愈來愈強烈、愈熱切。十四世紀是室町時代，也是稱為「下剋上」的時代，它意味著階級低者戰勝了階級高者。之後的戰國時代，也就是十五世紀時，這樣的社會變動愈演愈烈，全國都處於動盪混亂之中。只要有能力，不論出身高低，都能搖身一變，成為割據地方的諸侯。

戰國時代的最終勝利者是德川氏。為了維持自己的權力體制，德川氏建立了「士農工商」的身分秩序。但由於缺乏根植於歷史的基礎，故隨著德川體制解體，旋即又回到原本「四姓平等」的社會。當然，十九世紀末開始，日本引進歐洲的民主思想，不過那是因為日本社會對平等的需求原本就非常強烈之故。

如今，日本已經是非常民主的國家了。研究指出日本的階級流動比歐洲任何一個國家都更劇烈。戰後，日本首相，亦即最高的政治掌權者幾乎都是平民出身。另外，出自庶民階級的松下幸之助是日本最成功的企業家之一，也獲得最高且最受尊敬的地位。今天的日本，任何庶民百姓都有機會功成名就，爬上層峰地位，獲得至高崇敬。而且千真萬確的是，正因為有平等，才支撐了日本經濟的繁榮。

進一步來說，這個平等絕非十九世紀後半之後，日本向西洋學來的東西，反而是佛教傳給日本人的道德價值。這樣想來，是從佛教中學到的平等理念造就了日本今天的繁榮，因此，日本人應該對印度這個國家深表謝意才對。

平等是人類在未來世代中益形重要的共通理想。人人皆可平等共存，是今後人類理想中的首善之事。就此意義而言，釋迦的理想是永恆不滅的，或者說，它從來不曾像現在這樣，具有如此重要的意義。

與印度教的共通點——佛教之前的日本宗教

或許我對佛教這個在印度絕非主流的宗教談得過多了。根據正統印度宗教，亦即印度教的說法，釋迦是印度教神祇毗濕奴⑥的第九個化身。若真如此，也許我們就該知道：釋迦是印度教主神之一毗濕奴的其中一個化身；這樣的釋迦來到遠東之國，嘉惠了日本。

此外，印度教的各種神祇，如弁財天、大黑天、毘沙門天等等都是透過大乘佛教傳入日本，而且至今仍受日本庶民虔誠地信奉。

於是，若說印度教的眾神在日本也受到某種程度的崇拜應該無誤。但在此我想強調的是：印度教的世界觀與佛教傳入前、原始信仰意味濃厚的神道世界觀之間，有諸多相似之處。

談到日本神道，很容易就被認為是國家神道。事實上，十九世紀的後半、明治維新以後，日本的神道確實深受國家主義影響，那是因為日本從歐洲引進國家主義思想的緣故。為了與歐洲列強匹敵，強烈的國家主義思想確實有其必要，於是進行了神道國家主義的改革，加上後來利用成為二次世界大戰的意識形態，因此讓日本國內外都誤解神道就是國家主義的同義詞。

這個國家主義的神道可追溯至西元七、八世紀。日本在七、八世紀時成為律令國家，此時，神道被改造為具有國家主義的性質。至於十九、二

⑥毗濕奴是印度教三相神之一，被視為眾生保護神，性格溫和，會對信仰虔誠的信徒施予恩惠，而且常化身為各種形象，拯救危難的世界。

十世紀的國家主義神道，實則淵源於七、八世紀的神道。不過七、八世紀以前的日本神道並無國家主義的色彩，毋寧說是和印度教有諸多共通性的宗教。

印度教是多神信仰，各式各樣的神祇彼此共存，而且其中有許多都是自然神。毗濕奴神直到第四化身採取的都是動物的形象。第一是魚，第二是龜，第三是野豬，第四是人獅。而濕婆的神往往以「陽具」形象來呈現；「陽具」被視為生產萬物的生殖力象徵。另外，據說日、月、山、河、樹、火、雷等等在印度教裡都被信奉為神。

我對印度教懷有強烈的興趣，除了它的自然神、多神教的思想，還有循環思想的部分。《奧義書》⑦等書裡有「二道五火」的輪迴說。

根據其中說法，人死後，火葬，升上虛空，再從虛空中進入月亮，變成風、煙、霧、雲、雨。再落地變為米、麥、草、木。人吃了產生精子，精子潛入母胎之中，遂又變成不同的人，重新再生。

印度教具有這種死後靈魂到彼世去，之後再回來現世，並在此世與彼世之間無限循環的思想。因此，今生行善，來世就會幸福，此世作惡，來生就會不幸的因果報應觀很容易就會進入這種思想。不過，印度教的根本核心還是靈魂的觀念；靈魂會在兩世間永恆不斷地循環。

如此看來，自然神的多神論，以及靈魂無限循環的思想就是印度教的特徵。這樣的概念也存在日本的神道裡。

因此，也可說日本神道裡有著幾乎相同的東西。在日本，神是無所不在的；比人類強大的事物全都被視為神。崇拜比自己有力量的神，能將原本對自己有害的事物轉化為有利。於是日本從山神、河神、風神、雷神等

⑦《奧義書》是古印度哲學文獻的總稱，是廣義的吠陀文獻之一。

自然神，到蛇、熊、狼等動物神，乃至各種靈木等樹神，型態不一而足。說起來，日本的神道與印度教相同，既是自然神，也都是多神信仰。

此外，靈魂循環的觀念也是日本古代神道的特徵。根據日本古代神道的說法，人的靈魂死後離開肉體進入彼世，與祖靈們一同過著幾乎無異於人間的家庭生活。在彼世，祖先們會討論該讓誰先回來，決定之後，他的靈魂就會進入母胎，得到新生命，轉世重生。因此在日本，當男孩出生時，會有這孩子是祖父投胎轉世之類的說法。

如此的觀念認為一切生命都是再生；都是此生與彼世不斷的重複循環。

日本神道觀不限人類才能轉世再生，熊、狐狸、樹木或工具都各有靈魂，死後到彼世去，都會再度轉生回來。不過，日本的靈魂循環並沒有因果報應的觀念。人就是人，熊便是熊，樹還是樹，不因轉生而改變。

話雖如此，但在此世行善或作惡，會影響重生轉世的早晚；好人比較快轉生，壞人則會被留在彼世較長的時間。就世界各地的宗教來看，這種思想以印度教和日本神道特別明顯。

而這又意味著什麼呢？根據現今宗教學的常識，此思想完全停留在宗教發展的原始階段，隨著世界宗教的實現，早就應該被清算、了結了才對。也就是說，宗教發展的最高境界是超越人格神的一神教，至於其他宗教，只不過是邁向一神教的過渡階段。所謂的多神教是未開化的宗教，而自然神、動物神、植物神崇拜等信仰，更是野蠻的迷信。

我要對此想法表達異議。因為這樣的觀念獨斷地表示唯有基督宗教才是文明的宗教，其他的宗教都未臻其境，都是不成熟的宗教。

就像黑格爾說的：隨著發展，所有社會最後都會變成像歐洲那樣的市民社會。十九世紀的宗教學者也認為：各種宗教經過推進，最後終究會變成像基督教那樣的宗教。這些看法至今仍頑強不移；這種評斷顯示一神教的價值高於多神教；不論是超越神或人格神，都比自然神、動物神、植物神更加神聖。這樣的觀念仍強勢地留在現代，但我認為這實在是歐洲學問的偏見。

事實上，崇拜各種自然現象的多神論，才是舊石器時代、狩獵採集時代長期以來人類擁有的共通思想。直到大約一萬年前為止，都是那樣地生活著。也就是說，認同自然具有靈力並尊之為神，還有，認為靈魂不斷在此世與彼世間循環，是長期以來人類共通的思想底蘊。

然而，大約一萬年前開始，人類發展出農耕畜牧。當農耕畜牧成為新的文明形式，棲息於山、川、森林等地的自然神祇就成了包袱。因為，大自然之於農耕畜牧的唯一價值就是對它的開發；這樣一來神明便成了開發的阻礙。

最初建構都市文明的是蘇美人。蘇美人有一部敘事詩，名為《吉爾伽美什史詩》。最近我以這部敘事詩為藍本，寫了一個劇本。

《吉爾伽美什史詩》講述蘇美王吉爾伽美什殺害森林之神胡姆巴巴（Humbaba）的故事。說明了都市文明建立在殺害森林之神的歷史上。自然神、動物神、植物神等，都因妨礙人類的自然開發而陸續被犧牲，取而代之登上舞台的是超越一切自然現象的超越神，以及把人神格化的人格神。因此，要說超越神或人格神是人類為了更容易征服自然而創造出來的，也未嘗不可。

就這樣，藉由超越神與人格神的力量，大自然已完全被人類征服了。而對這件事貢獻一臂之力的，正是近代的歐洲哲學與科學技術。

近代歐洲哲學的始祖笛卡兒把人類視為思考的自我，而將大自然視為和思考的自我相對立的物質。這個思考的自我，因了解對立物的自然法則，而得以征服它。於是，自然死滅，失去了生命；人類將自然解體為死滅的物質，便貫徹了對於自然的支配。

而如今人類對自然的支配產生了怎樣的結果？多少關心人類未來的人應該都深感焦慮。想征服自然的貪婪意志導致自然的死亡，而且恐怕也會讓自己暴露於危險之中。這就是現代文明社會普遍體驗到的不安。

在此情況下，人類思想究竟會如何變化？隨著時代的嬗遞，對文明發展有益的某種思想，有時反而會變成阻礙，甚至讓人陷入危險之中。對人類而言，征服自然曾是非常輝煌的理想，因為人類在長遠的歷史中曾一直是自然的奴隸。

但是，在自然已被人類征服的現今，這種理想已不得不踩煞車了。比起征服自然，與自然的融合才應該變成人類文明的新理想。直到最近為止，科學都是為了征服自然的科學，如今這方向已必須有所改變了。科學的目的並非征服自然，而必須與自然融合，或者，至少要有敬畏自然的觀念。

假使已到了不得不改變科學的性質之際，那麼，我們就該從根本上對思想和宗教等概念加以反省。而我認為在此情況下，也應當重新思考自然神與多神論的意義。

3

面對三大危機

二十一世紀的世界與佛教的角色

馬克思哲學的限度

有關二十一世紀的人類發展，是非常有挑戰性的課題。現在（當時）正處於邁入二十一世紀的最後十年；也就是說，到二十一世紀還有接近十年的時間。思考二十一世紀人類社會的問題極其不易。

我本身是哲學學者，對政治、經濟的動向比較陌生。要我這個不諳政經的人準確預測二十一世紀的人類社會，實在是不可能的任務。但是，就算社會學者比較熟悉實際的政經動向，哲學家對未來的預言更加準確的例子也時常發生。

原因在於哲學家是以思想本身做為問題的對象，認為：我們所建立的社會，若是奠基於對人類的錯誤理解之上，是無法長久存在的。

或許有些社會學者看見當下社會發展得不錯，就認為方向正確，有美好的未來。哲學家的看法卻是：假如構成該社會的基本原理出錯了，那樣的社會就是謬誤的。不久的將來——十年後或百年後不得而知——終究得面對土崩瓦解的惡果。

去年（一九八九年），東歐的社會主義崩解，震驚了許多社會學者，特別是受馬克思主義影響甚深的日本學者，至今仍處於不知所措的狀態。有良心的人已經開始檢討思想上的謬誤，但也有人不知檢討，反其道而行；一方面對舊馬克思主義的意識形態遮遮掩掩，在批判他人時，卻又無法與馬克思主義的盲點完全切割，採取了隱藏版的馬克思主義。

對於去年東歐所發生的政治變動，我絲毫不覺驚訝。因為我早在約三十年前就預言了此事，也曾在許多著作裡談過這個問題。唯一略感意外的是，社會主義的崩壞竟比我預期的還早。原本，我以為會到二十一世紀初才發生，不料卻在二十世紀末就勢不可擋了。歷史發展的速度實在非常驚人。

至於我何以能預測社會主義的崩壞？因為建構社會主義的馬克思哲學對於人類的理解是扭曲的，並且，長期以來它做為構成人類社會的原理，亦流於片面之故。馬克思哲學的深處充斥著對人類的強烈憎惡。或者亦可說這種憎恨是自我嫌惡的變形，而它儼然存在於由唯物辯證法所建構的馬克思哲學根柢。

我認識的作家裡也有這樣的人。他是知名的小說家，無法完全割捨憎惡之情。只要不將某人視為假想敵，就無法燃燒工作的熱情。其實，他若能克服對於自身的嫌惡，一定能成為了不起的作家。然而，這卻是他一輩子都無法跨越的課題。有關馬克思，我們也可以說同樣的話。長期支配人類社會的思想，不管是佛教、基督宗教、儒教或希臘哲學，總之相當於教祖的人，都能克服自身內在的嫌惡。

可惜馬克思卻無法完全超越內在的自我厭憎，因此，他的人類觀是扭曲的。他把某些人想得太道德，某些又想得太悖德。換言之，他特別把信奉馬克思主義的普羅階級奉為神一般無私，把布爾喬亞階級視作無可饒恕的惡棍。

然而，這種對於人的解釋實在過於荒誕。人類社會中如馬克思所想的那樣全然無私者非常之少，同時，十惡不赦的人也極其罕見。大部分都處於善與惡的中間，會隨著狀況的變化，有時行善有時作惡。因此，我不能不說，像馬克思那樣把人分為兩個極端是謬誤的。以這種錯誤的人類觀為根本所建構起來的哲學，恐怕是出於終生對人類的憎恨吧！

當時，馬克思主義普遍被視為唯一有良心的思想。而我畢竟也是在戰後日本思想浪潮下成長的世代，對於馬克思主義，與其說是關心，毋寧說也不無傾慕。但研究了幾年馬克思主義之後，我發現這種思想對人類的看法實在荒謬無稽，於是寫了許多相關的文章。不料，卻被深受馬克思主義洗腦的日本論壇，貼上保守主義者的標籤。即使我曾對戰前日本的國家主義表達強烈的反對，可是，只要你批評馬克思主義，就必然會被該陣營歸類為保守份子或國家主義者。

長久以來我對這樣的批評都盡量忍耐。但是，看了去年世上發生的狀況後，終究不得不說我的看法是正確的。因此，即便對現實的政治、經濟狀況陌生些，但相較於理應熟知政經情勢的社學科學家，特別是將馬克思主義奉為金科玉律的社科學者，我反而更準確地預言了未來的社會，看清歷史的發展。

說這些並非為了自誇，只是要表達一個概念：純粹以思想為考察對象的哲學家，有時反而能比社會科學者更精準地預測未來。如此而已。

預言近代終焉的尼采

我固然對馬克思做了很嚴厲的批評，但若把最能代表十九世紀歐洲且最具有影響力當作「偉大」的條件，那麼，馬克思無疑是最偉大的哲學家。二十世紀可說是馬克思的世紀。二十世紀前半段是馬克思主義輝煌發展的年代，但二十世紀後半則是馬克思主義失敗乃至崩解的時代。就此意義而言，二十世紀或許是馬克思的世紀，但與此同時，另有一位影響甚鉅的歐洲思想家堪與馬克思並列，他就是尼采。

希特勒曾把尼采全集當作禮物送給墨索里尼。誠如這個逸聞所象徵的，納粹和法西斯主義裡也看得見尼采思想的影響力。話雖如此，無論是納粹或法西斯，都過度詮釋了尼采思想的某一面向，讓我難以認同那是正確的理解。尼采的思想必須等到戰後才在法國受到肯定，而法國正是納粹主義下的最大受害者。法國的結構主義者透過對尼采思想的解釋，闡述了近代的結束，開始發展後現代思想。

比起馬克思，尼采更能從根本問題上批判近代的歐洲社會。馬克思所批判的是近代歐洲的布爾喬亞社會，尼采卻認為近代歐洲社會的理論基礎已經謬誤。它已失去了古希臘高貴的人類理想——即同時以強健的肉體與崇高的精神為傲的理想。尼采曾警告：失去那個理想形象的歐洲社會，便是失去了中心思想的社會，不久，必會跌落虛無的深淵。

馬克思預言了資本主義社會的崩壞，相對地，尼采的預言則如下：形成近代歐洲文明的民主主義社會，是世俗化了的基督宗教社會，完全缺乏崇高的人類理想，因此這樣的社會不久就會滅亡。尼采的預言在社會主義瓦解的今天依然很有力量，不，應該說此刻更顯出其力量才是。而且，此刻現代歐洲社會的各種價值正受到人們強烈的叩問。在馬克思哲學的意義幾乎已蕩然無存的今天，尼采哲學才正要發揮其真切的效力。

照理說我應該要談的是二十一世紀，卻似乎談了過多的馬克思與尼采。但在此我想說的只是，哲學這種東西有時候反而比社會科學等更能預言歷史的未來。尼采自是無需贅言，而馬克思雖然倡導科學的社會主義，但同時也是一位預言家。只可惜他的預言落空了。現實的歷史發展證明了這一點。

另一位充滿謎樣風貌的詩人暨哲學家尼采，則預言了近代歐洲世界的價值觀很快將不再適用。這一點似乎有其中肯之處，但目前仍無人能肯定真會如尼采所言：近代歐洲社會也會像社會主義社會那樣，突然間戲劇性地崩壞。

尼采與馬克思的時代迄今已過了一世紀，在這一個世紀裡發生了非常多事情。社會主義社會的建立與解體、眾多國家自歐洲殖民地中獨立、威脅人類生存的核子武器發明，以及因為資訊網路急速普及而宛如地球村等等，不但每一樣都非同小可，同時，也都是馬克思與尼采絲毫未能預料的問題。

因此，身負討論二十一世紀發展的重責大任，我想先從二十一世紀人類必須面對的危機出發，進而思考如何才能做好事先的防範。

今天，只要我們把佛教做為討論對象，就必須思考它能提供這些危機什麼預防性或治療性的對策。雖然這純屬思想性的提問，不過，誠如剛才談馬克思主義時所說的，只要思想正確，就必然會成為現實。

二十一世紀的三大危機

我認為二十一世紀人類有三個必須面對的危機。第一是核戰的危機，第二是環境破壞的危機，最後是精神崩壞的危機。二十世紀之後，這些環環相扣的危機才明確出現在人類面前。

十九世紀時，除卻尼采那種先驅性的預言家、思想家，人類連預測都不曾預測過會有這些危機。但是二十世紀之後，它們清楚明白地浮現了，特別直到二十世紀末才首次切身體驗這些危機的可怕。當然還有很多人尚未感受到，而且歐洲近代社會的原理至今依然存在，也有很多人認為那原理具有永恆不滅的特性。

我的看法是：美國、歐洲，以及特別因經濟繁榮而忘我的日本，都有不少人認為近代原理會永遠存續，而所謂的危機，只不過是一時的迷失而已。戰後，哲學家雅士培①曾大聲疾呼第一危機的危險性。現在因為美蘇對立趨緩，第一危機得以暫時減輕，不過也因此讓第二危機浮上檯面。德國哲學家兼兒童文學家麥克・安迪②等人就經常強調正視第二危機的重要性。

問題是，第一危機並未解除，與第二危機並列的第三危機也非常嚴峻。接下來我們就為這三大危機做些考察吧！

核戰的危機

人類自史前就一直靠戰爭決定命運。解決一個社會與另一社會的問題，一個國家與另一國家之間的紛爭，最後依賴的都是戰爭。而對戰爭勝敗產生決定性影響的終究是武器的好壞。因此，人類便汲汲致力於發展武器。武器的發展也促進科學的進步。而科學發展到了極致，就製造出讓人類恐懼萬分的武器，也就是核子武器的發明。

---

①雅士培（Karl Theodor Jaspers, 1883-1969），德國哲學家和精神病學家，為存在哲學的代表人物。

②麥克・安迪（Michael Ende, 1929-1995），德國當代極重要的奇幻小說和兒童文學作家，以《說不完的故事》（1979）聞名於世。

日本人被迫在廣島與長崎兩地，親身經歷了這項新武器的威力。它的毀滅性勝過以往的任何武器，而日本投降應該可說是拜其殺傷力所賜吧！到了戰後，原本已極具威脅性的原子彈又有了進一步的改良，發展出不僅能毀滅人類，甚至足以滅絕地球一切生物的氫彈。

物理學家歐本海默③是原子彈製造最初的指導者，當時他就預告人類後來會將之用於殺人，並吐露自省，後悔參與了這種殺人武器的製造。誠如他所預言，在一步步發展之下，後來又有了氫彈的發明。支配戰後世界的美蘇兩大強國，都熱切地想要擁有原子彈和氫彈。戰後的和平是因美蘇核武的勢均力敵才能維持。若從人類的智慧來看，真是瘋狂的業障，而非常不幸地，這瘋狂的業障卻是戰後和平的真相。

但無止境發展核武以擴展軍備的競爭行動，導致美蘇兩強的經濟困境。他們只好嘗試降低、甚至廢止核武。這固然是好事一件，但絕非出自道德動機；為了重振蕭條的國家經濟，這是非如此不可的對策，也顯示出核戰的危機並沒有解除。

現在，因某些情況的改變，使得過去因核武實力勢均力敵而暫時維持和平的美蘇兩國，發生核武不均的失衡現象。如此一來，我們怎能確定擁有大量核武的一方，不會對勢力低落懸殊的另一方發動核戰呢？

又或者，我們能說政治、經濟皆處劣勢的一方，不會為了恢復本國威信而在絕望下向對方宣戰嗎？此外，擁有核武的國家變多了。某些核武國家為了打開政治與經濟窘境，難保不會將核武當作脅迫武器，進而危害世界安全。事實上，當今擁有核武的軍事強國若擁核自重，那麼，對於沒有

③ 歐本海默（J. Robert Oppenheimer, 1904-1967），美國猶太裔物理學家，曼哈頓計畫的領導者。一九四五年主導製造出世上第一顆原子彈，被譽為原子彈之父。

核武的軍事弱國來說，確實具有威嚇脅迫的效力。

例如日本、韓國這類在經濟上頗有發展的國家，在軍事上沒有強大的核子武器。如此，與擁核強國之間究竟能否進行對等的外交關係，實在令人不無疑問。弱小的國家在與他國應對來往時，一定無法不去意識對方強大的軍力，特別是擁有核武這個事實。

而且，就算沒有明說，強國也必然會對擁有核武感到自豪，並帶給對手無言的壓迫。如此，對等的政治交涉根本不可能。其實，人類的本性並沒有善良到足以讓我們相信二十一世紀不會發生上述事情。所以，核戰至今仍是人類社會的一大危機。若不檢視這個問題，就無法好好思考人類的未來。

環境破壞的危機

近來，比核戰危機更令人憂心的是環境破壞的危機，而我認為這個危機從一萬年前就已經開始了。自人類發展出農耕畜牧文明，取代狩獵採集文明起，就走上了征服自然與破壞環境的歷程。而且，一旦以農耕畜牧文明為基礎發展都市文明，自然與環境的破壞就變得一發不可收拾。直到大約三百年前進入工業時代，更是以飛躍性的速度惡化著。

在狩獵採集文明時期，人只是自然界的一員，和其他的動植物、自然現象不可分割；人類被組構進大自然裡，與其他的生物和平共存。但自農耕畜牧文明伊始，人類就展開了征服自然的行動，甚至興起一種想法，認為自己被神明賦予異於其他生物的特殊能力，便更加強化了對於自然的征服。

最早建設人類都市文明的是距今五千年前的蘇美國。根據該國吉爾伽美什王傳記所載，他即位後做的第一件事就是殺掉森林之神。農耕畜牧文明的成立，以及進而發展出來的都市文明，都讓整片蓊鬱青蔥的森林落入被砍伐的命運，轉變成農耕地與畜牧地。那些木材被用於建造大型宮殿與寺院，還進一步做為冶煉銅鐵的燃料使用。就這樣，號稱四大文明的繁榮都市早已失去森林，幾乎都成了沙漠狀態。希臘的收分曲線④柱雖是石柱，卻是模仿樹木造型而建造，或許那正顯示了樹木在希臘已經很罕見的事實。

隨著文明的發展，人類變成世界的中心與主宰。近代歐洲文明的哲學底蘊將自我視為永恆不變的思維主體，至此，人類對自然的支配終於完成。而後，工業革命發明了機械，人類繼續將機械當作征服自然的工具，並且依照自我意志，隨心所欲地支配自然。這正是十八至二十世紀人類最偉大的功績。被征服的自然遭遇致命性的破壞。一味追求富足物質生活的人類，卻必須付出喪失生存環境的代價。

二十世紀初，人類開始意識到這個問題，但深刻感受到它的嚴重性，則要等到二十世紀末，也就是最近的事。

④ 收分曲線（拉丁語：Entasis）為建築學術語，指建築構造中，出於美學考量，對柱、梁、枋、斗拱等，從底端的某一比例開始，砍削出緩和的曲線或折線至頂端，使外形豐滿柔和的處理手法。

第二個危機固然也很要緊，但我認為第三個危機更加嚴峻，而這正是尼采預言的危機，在西洋的近代就已萌芽了。西洋的近代文明是從基督宗教中產生的，但神的問題卻被放入括弧中，存而不論。

基督宗教的信仰裡有很多不合理的故事。信奉理性的近代人，不可能相信那些荒誕不經的說法，因此選擇盡量迴避討論宗教議題。比起宗教，更相信理性，這是近代哲學的出發點；笛卡兒的哲學就成立在該原理上。

這種把宗教束之高閣的做法，讓我想問：人真的能夠離開宗教而生存嗎？康德認為，道德的理性高於理論的理性，想用道德來取代宗教的角色。不過，時代的趨勢是既要把人從宗教的束縛中解放出來，同時又想讓人從道德的綑綁中獲得自由。

然而我想問的是，從宗教解放出來而且又脫離了道德的人，究竟會變得怎樣？那將是無止盡追求慾望滿足的動物。現代人跳脫了宗教與道德，日復一日追求欲望的滿足。這是資本主義高度發展後人類所面臨的命運，而人若真的成為純粹慾望的主體，就代表精神層面完全崩潰。其中，特別是年輕人精神崩壞的問題，在資本主義愈發達的先進工業國愈嚴重。

從釋迦佛教到大乘佛教

若將以上的三個問題視為侵襲二十一世紀人類社會的危機，那麼，二十一世紀的思想，就有責任提出預防性乃至治療性的藥方才行。而我們在此反覆討論的佛教是否具有這樣的功能？就是我想拋出的議題。

要闡明這個問題，必須先說明佛教是什麼。但此處我們要思考的並非佛教最初的形態，即釋迦的學說，而生根於東亞世界裡的佛教形態，才是我們所要討論的對象。

這裡所謂的東亞，主要指中國、韓國和日本。這三個國家的佛教多有相似之處，但仍不乏其差異。

佛教輸入日本是在六世紀半，也就是欽明十三年，西元五五二年時。那時將佛教帶入日本的是百濟的聖明王。聖明王帶來的是南朝佛教，也就是梁的佛教。之後日本佛教卻受韓國佛教影響甚深。七、八世紀時，流行於日本的佛教有三論宗、法相宗與華嚴宗，但不管何者，都受到三韓（高句麗、新羅、百濟）佛教的深遠影響。

日本擺脫韓國佛教影響，直接從中國引進佛教，則要等到九世紀，亦即最澄的日本天台宗和空海的日本真言宗設立之時。

日本固然受到韓國與中國佛教的影響，但是中國因為有皇帝廢佛之故，南北朝到唐朝以後，佛教就面臨了衰微的命運。韓國與日本比較沒有這種情況，一直發展得十分興盛。不過韓國到了李朝時代，儒教的影響來勢洶洶，讓佛教變成庶民信仰，轉而在民間傳播。儒教對日本的影響則比較小。雖然江戶時代，即十七世紀之後，德川幕府以儒學也就是所謂的朱子學為國教，但不用說民眾了，連知識份子也不曾停止對於佛教的信仰。

即便有這些情況的不同，廣泛根植於東亞世界的佛教仍有其共通特徵，就是扎根於東亞地區的都是大乘佛教。大乘佛教可稱為西元一世紀興起的新興佛教宗派。西元前五世紀的悉達多——即釋迦牟尼所倡導的，則是四諦十二因緣之說。

所謂四諦是苦諦、集諦、滅諦與道諦。苦諦指出人生是苦。集諦則說痛苦的根源是愛欲。滅諦意指滅絕痛苦。而道諦則是關於滅絕痛苦的方法：要過戒、定、慧的生活。戒是守戒，定是冥想，慧則是磨練智慧，以跳脫痛苦。學會四諦的概念並加以實踐，人就能從痛苦的根源，亦即愛欲中解放。如此，也就脫離痛苦的掌控了。

離開痛苦的狀態，稱為進入涅槃，但人必須透過死亡才能完全進入涅槃。其實死前也可以進入涅槃，稱為有餘涅槃，不過和死後進入的完全涅槃，即無餘涅槃不同。佛教認為一切眾生都在六道、六個世界中不斷輪迴轉生，受痛苦的折磨，體驗受苦的滋味。人進入涅槃，就斷絕了再轉世到此生的因緣，也就不必再經歷痛苦了。

這就是釋迦的教誨。正如德國佛教學者奧登伯格⑤驚嘆的，這才是真正理性的教義。而釋迦的弟子們也都遵從訓示，進入深山恪遵清淨的生活。然而，大乘佛教從釋迦佛教另立宗派，嚴厲批判這種與世隔絕的教義。

大乘佛教對於嚴守釋迦教義的弟子們有所批判，認為蟄居山野，清淨度日，進入涅槃的生命態度過於出世。因為獨自在山中修行，並無法拯救大眾。應該走進人群，努力將他們從苦惱的深淵解救出來。這就是強調菩

⑤奧登伯格（Hermann Oldenberg, 1854-1920），德國的印度學與佛教學者。

薩道的大乘佛教思想。

大乘佛教是來到眾生之間倡導菩薩道的宗教，他們批判之前的釋迦弟子所代表的聲聞、緣覺佛教只專注於一己之開悟，欠缺積極性。便將聲聞、緣覺稱為小乘佛教，意指較小的船隻，而自稱為大乘，就是巨大的乘坐物之意。

大乘佛教孕育的最重要思想應該就是空的概念吧！所謂空，就是既不受有、無的束縛，又不被肯定、否定所綑綁。因為既非有亦非無，又不受肯定、否定的限制，遂取名為中。而最能明白闡述這種空的思想，以及中的概念的，就是般若經典。大乘佛教共通地把般若經典視為最重要的經典之一。

活躍於四世紀後半至五世紀初的鳩摩羅什，自翻譯大乘經典以來，東亞諸國幾乎都呈現向大乘佛教一面倒的狀況。我認為大乘佛教的中心思想在於菩薩精神。所謂菩薩，就是以自利和利他做為修行的人。大乘佛教或因宗派之別，有的比較強調自利，有的稍微強調利他，彼此或有些許程度差異，但自利利他的實踐與修行，正是大乘佛教的核心。我們在展望大乘佛教影響下的韓國與日本佛教時，首先必須注意的就是這種自利利他的菩薩行精神。

大乘佛教的開展與變化

後來大乘佛教在發展過程中發生了重大的思想變化：佛教最初是以歷史性人格的釋迦教義為中心，亦即相當講究倫理性教誨的宗教。

但是，不久之後釋迦就被神格化了。人們開始想像釋迦的前世，讓釋迦變為超越歷史的佛陀。在如此的演變過程，釋迦的神性獨立出來，成為一個個別的佛陀。然後，又有了諸佛的出現。例如，真正開悟的如來、已開悟卻仍停留在眾生之中的菩薩、守護如來與菩薩的明王，以及印度教諸神被佛教吸收後的天人這四類。

就這樣，佛教發展出大乘佛教，且多神論的性格增強。在東亞地區流傳的就是這種多神論的佛教。不只釋迦，另外諸如藥師、阿彌陀、大日、觀音、地藏、不動、毘沙門、弁天等，都是日本最有人氣的神佛。爾後這種多神論體系的佛教，也輕易地與原始神道融合，產生神佛習合⑥的思想。

在強化多神論的方向之外，大乘佛教還發生相當值得注目的變化。釋迦的佛教是以人類為中心的佛教，相對地，大乘佛教卻幾乎是超越人類的佛教。而原本以人類為中心、後來卻往超人類方向發展最顯著的例子，應該就是曾在韓國與日本流行一時的華嚴宗吧！

華嚴宗崇拜毘盧遮那佛。毘盧遮那是世界的統一者，如同太陽一般，位於世界的中心，並將各個神佛限定在各自的身分上。如此的佛教被運用

⑥ 一般指日本神道與佛教合一的現象。

為建立律令國家的權威，在日本及統一新羅⑦建立時最為興盛。華嚴宗固然具有上述特質，但後來卻從人類中心主義的佛教，變成超越人類的佛教，不久，又發展為自然中心的佛教。

華嚴宗是宇宙論的佛教。接著，九世紀初空海出現，由他帶進日本、並在日本發揚光大的是密宗。密宗的中心佛祖是大日如來。大日如來又稱為摩訶毘盧遮那⑧，亦即大毘盧遮那；其實只是從毘盧遮那佛發展出來的。到了密宗，佛教已經完全變成自然中心的佛教了。

在東亞生根定著的大乘佛教具有上述特徵，在此我們必須思考的是佛教來到東亞，並與原始思想結合這件事。這裡所謂的原始思想可分為中國的道教、韓國的薩滿教⑨，以及日本的神道。但無論道教、薩滿教或神道，都沒有很大的差異。

當然，日本的神道在八世紀和二十世紀時，曾歷經兩次顯著的國家主義化。特別是二十世紀國家主義化的神道，還被用做日本對外侵略的意識形態。但我們必須說它的思想源頭是自然崇拜的泛靈論。道教也發展了泛靈論的思想。韓國的雖稱為薩滿教，幾乎也與泛靈論別無二致。

日本佛教裡有「草木國土悉皆成佛」這個共通語彙。中國天台宗時已有此說法。它所表達的概念是：不只人類擁有佛性，其實一切眾生，甚至被視為無機物的草木也有，也都能成佛。而我認為這樣的概念正是所謂的泛靈論思想。

韓國的佛教應該也存有這種想法才是。我在探訪韓國寺院時，發現韓

---

⑦ 統一新羅（668 - 901），為朝鮮半島的一個朝代。

⑧ 摩訶毗盧遮那，梵文 Mahāvairocana，為理智不二的法身佛，為密宗尊奉的主尊之一。

⑨ 薩滿教（Shamanism）是以巫師、祈禱師的能力為基礎所成立的宗教或宗教現象的總稱。為宗教學、民俗學、人類學等學門之用語和概念。

國的寺院都被森林包覆，而且，每個寺院都將各自的樹木視為該寺的神木，加以妥善照顧。這和日本寺院的情形相同。所以我們可以說：正因泛靈思想對佛教的影響，才讓佛教在東亞地區扎根下來。

多神教的可能性——面對核戰

假如說二十一世紀人類社會最大的危機，就是核戰危機，環境崩壞的危機及精神崩壞的危機，那麼，我們必須要問佛教，特別是深耕東亞地區的大乘佛教，能對這些危機提供什麼預防與治療的藥方。

首先，大乘佛教該如何因應第一個危機——核戰，是非常棘手的問題。對此核戰危機，大乘佛教看似沒有任何積極對策。日本是世上唯一一個原爆受害國，有關和平問題，應該擁有積極發言的權利才對。然而，日本的佛教徒卻極少對此議題表達意見。

那是因為和平問題在日本常被政權利用，為釀成核戰的政治權力者代言之故。而戰後日本的和平運動是意識形態的、社會主義的運動。在此情況下，日本佛教徒鮮少對和平問題發言，也可說相當明智。

就對抗核戰威脅而言，大乘佛教確實沒有任何積極行動，但若就消極面來看，至少具有緩和此一威脅的功能。因為，現今的核戰危機是由一神論世界觀之間的對立所引發的。

英國的歷史學家阿諾德·J·湯恩比⑩說：「馬克思主義將猶太教的一神論帶進俗世。猶太教的一神論比基督教的一神論更具戰鬥性。猶太教徒信奉唯一、絕對的神耶和華，把不信的異教徒全視為魔鬼，而且，只有猶太教徒才是神的信徒。到了基督教之後，因為強調愛與寬容的關係，便削弱了原本的一神論性格。而馬克思主義徹底將猶太教的一神論極端化；對於信仰一致者固然懷有同志之情，但只要信仰不同，或是反對馬克思主義，便絲毫沒有愛與寬容可言，有的唯獨憎恨而已。

如此的一神論使戰後世界的對立升高，也助長了核戰的威脅。假如說與這樣的猶太教一神論對立的，是基督教的一神論，那麼，我必須說正是一神論釀成了世界的對立與核戰的危機。一神論比多神論具有更多的戰鬥性。相信唯一真神的絕對正義，並將妨礙神的正義者全都視為惡魔，藉此，人就會產生更大的戰鬥力。一神論的出現大約是在銅器時代往鐵器時代過渡的階段，也就是約三千年前。後來一神論會獨佔優勢，我認為很大的原因在於他們極富戰鬥精神。

現在造訪印度的人，應該會很訝異一神論留下來的迫害傷痕竟會那麼慘烈。首先進入印度的一神論者即伊斯蘭教徒，因無法忍受佛教與印度教的多神論，便把這兩個宗教的遺跡破壞殆盡。看到那些被斬首的、削鼻的、剁去手腳的佛像和印度教神像，實在讓人痛心疾首。而除了加諸佛像與神像的暴行之外，當時恐怕有更多人也遭受斬首、削鼻、砍斷手足的殘害吧！

所幸另一個一神教，即基督教，並未像伊斯蘭教徒那樣對佛像與神像

⑩阿諾德．J．湯恩比（Arnold Joseph Toynbee, 1889-1975），著有《歷史研究》（*A Study of History*）。

痛下毒手。但若換個角度想，他們做的事又似乎比伊斯蘭教徒更殘酷；那些民眾視為信仰對象的佛像與神像，對基督徒來講只是文化財產，然後整批整批地運回自己國家的博物館。

就戰鬥精神來說，多神教實在比一神教遜色太多。但既然在自己所信奉的神以外還有許多神，而且那些神都各有存在的意義，那麼，為何有必要去否定其他神呢？多神教的戰鬥精神比起一神教確實遜色很多，但是，對於和平的愛好卻是他們難以望其項背的。一神教對其他宗教明確地說不；不僅與之對立，甚至努力地消滅對方。然而多神教在面對其他宗教時，卻會試圖將對方吸納進自己的世界裡。

像這樣，佛教不僅把印度教的許多神祇劃入自身的範疇，在東亞地區扎根之際，也吸收了東亞世界原有的諸多信仰，並將古老眾神的宗教儀典放入佛教體系之中。

如今，交通與資訊網路的發達讓世界變小了。雖然地球村的概念會讓人類因利害關係而產生對立，但彼此間共通的連帶感也變得愈發重要。

在此情勢之下，一神教也不得不做出改變。羅馬天主教會捨棄過去基督宗教的絕對主義，試圖增進對於其他宗教的理解，並努力與異教共存。十五世紀於羅馬教會暢談「矛盾的一致」的德國哲學家尼可拉斯·庫薩努斯⑪，之所以會重新受到評價，應該也和這個動向有關。

假如西歐世界不再像過去那樣，用支配非西歐世界的態度來思考世界和平問題，而採取與其他世界共榮共存的立場，那麼，就應平等地認同基

⑪尼可拉斯·庫薩努斯（Nicolaus Cusanus, 1401-1464）是德國的哲學家、神學家、數學家，中世紀的博學者。獨創「有知識的無知」、「矛盾的一致」等思想。根據他的理論，神的本質是所有對立的統一，亦即反對者的一致。在無限之中，極大與極小（神與受造物）是一致的。一切受造物皆為神的反映，具有獨特的個性，但相互之間亦是調和。

督宗教以外，如伊斯蘭教、佛教、印度教或其他原始宗教的價值。而一神教若要平等地承認對方的價值，就必須轉換成多神教的思考模式。

過去，文明的方向是從多神教往一神教邁進，但在未來，我想應該會從一神教往多神教的方向發展。各民族要在狹小的地球上和諧共存，多神教會比一神教理想得多。而且我認為佛教、印度教和泛靈論等信仰，不但會對人類的終極和平有所貢獻，也能間接地緩和核戰危機。

今後，佛教應該確實地進行自我改造，進一步提高行動力，從間接緩和核戰危機，躍升為更積極的角色，追求與其他宗教的共榮共存，直至完全廢除核武，使人類得以擺脫核戰的不安。

草木國土悉皆成佛的真理——對於環境的破壞

比第一個危機更嚴重的是第二個危機。環境問題的可怕，在於我們已經接二連三地意識到威脅人類生存的現象。

近二十年來，諸多環境問題層出不窮。例如，各式各樣的公害與汙染、地球沙漠化、酸雨、氣候暖化、臭氧層破壞等等。任舉一個來看，都嚴重威脅到人類的生存。而這些問題的發覺，代表還有更多問題尚未被意識到。因此，人類實在必須凝聚彼此的智慧來解決問題才是。

因應問題固然需要運用科學技術，但是科學僅能治標，無法治本。徹底的解決之道還是要先深思問題的根源。假如過去人類的文明建立在征服自然與破壞自然的思維上，我們就有必要抨擊那樣的文明概念，並從源頭改變文明的性格。

我認為目前人類正站在道路的分歧點上。一邊是繼續這種文明的發展，把二十一世紀推向毀滅之路，不然就得另謀他法，開闢新徑。

環境的破壞既非近來才發生的事，也不是工業革命後的結果；其實早從一萬年前就已開始。農耕畜牧文明征服自然，使環境的破壞自久遠以前就已存在，只不過當時僅佔整個地球極小的比例，尚未禍及人類的整體生存，所以沒有意識到它的威脅。農耕畜牧帶來了豐厚的財富，人類文明也大約是從那時開始發展。可是，帶來豐厚財富，建構輝煌文明的農耕畜牧，內在卻深藏著破壞自然的罪惡。

在農耕畜牧文明展開之前，除卻一小部分的沙漠，整個地球都被蓊鬱的森林所包覆。但是，自農耕畜牧開始的一萬年間，平地的森林都被砍伐殆盡。以農耕畜牧為基礎而形成的都市文明，加速了森林破壞的腳步。人類對自然的征服，透過工業革命的機器，不僅比過去容易許多，更以加速度的方式進行著。如今我們所看到的，就是這樣充滿了危機的地球。

在人類歷史的洪流中，我們也不得不重新省思一切的觀念。蘇格拉底、耶穌基督、釋迦、孔子被稱為世界四大聖哲。除了耶穌，其他人都生於西元前約五世紀。雅士培曾說：有耶穌先驅者之稱的第二以賽亞⑫先知也是西元前五世紀前後的人，這四位才應該視為同時代的思想家。我想他的見解是正確的。

前述四大思想家各自肩負著世界四大文明：蘇格拉底是希臘文明，耶

⑫ 第二以賽亞（西元前 586-539），被擄到巴比倫的猶太人，〈以賽亞書〉四十到五十五章作者，著作年代約於西元前五四〇年。

穌是埃及文明，釋迦是印度文明，孔子是黃河文明。四大文明皆立足於農耕畜牧文明之上。他們一方面肩負文明的過去，同時強烈主張人性的尊嚴，所提倡的學說也很令人敬佩。問題是，既然這些思想全都是奠基於農耕畜牧文明的概念，必定認同人類支配自然的正當性，並站在這個基礎上倡導人類的尊嚴。

現在，我並沒有時間討論四位思想家的理念，不過，即便有程度上的差異，但他們基本上都認同對於自然的支配。

站在農耕畜牧文明立場上的思想，當然會認同人類有權支配自然，並進而發展出人類是萬物之首，可以主宰一切動植物的觀念。甚至認為人類具有神的理性，其他動物皆無此要素，因此支配一切動植物乃是理所當然。而文明的意義正在於此。

這種概念後來形成歐洲思想的主流。在此思想的延長線上，出現了笛卡兒的二元論；一方是做為自我的人類，一方是做為物質的自然。人類愈能科學性地認識自然，就愈有能力支配自然，繼而發展出以下這種觀念，認為文明發展的方向在於支配自然。這是近代歷史家巴克爾⑬和基佐⑭的文明史概念。福澤諭吉引進如此的想法，奠定了近代日本的基礎。

但我認為這種觀念現今應受到全面性的批判。若我們不能從根本上反省農耕畜牧文明開始的人類中心思想，那麼，文明的再生就絕無可能。明明只是自然的成員之一，卻將自己視為特殊的存在，置身於世界的中心，並開始征服自然，破壞環境。最後，我們終將失去自己所賴以生存的世

⑬巴克爾（Henry Thomas Buckle, 1821-1862），英國歷史學者，《英格蘭文明史》（*History of Civilization*）的作者。

⑭基佐（François Pierre Guillaume Guizot, 1787-1874），法國政治家、歷史學家，一八四七—四八年間任法國首相。

界。沒想到人類竟然愚蠢至此，實應予以當頭棒喝。

從這個觀點出發，我認為大乘佛教確實比釋迦佛教更理想。釋迦佛教反應的畢竟是西元前五世紀啟蒙時代的課題，無法脫離以人為主的宗教色彩。但後來大乘佛教將原本以人類為中心、為主體的佛教，轉化為朝向世界、宇宙發展的信仰。

極致表現就是華嚴宗的毘盧遮那、密宗的摩訶毘盧遮那與大日如來。至此，佛陀不再只是人類，已變為以太陽象徵的宇宙中心；萬事萬物皆由此而生。日本佛教有一個人人熟知的說法，叫作「草木國土悉皆成佛」，它無疑揭示了自然中心佛教理想的方向。換言之，並非只有人才能成佛，一切眾生、動植物等所有東西都能成佛。

現代值得高度注目的自然科學發現有三，一是相對論，二是量子力學，三是遺傳基因。遺傳基因以稱為ＤＮＡ的形式存在，而ＤＮＡ並非僅限人類，也存在所有的動植物上。

《聖經》上講述人是由神所創造的，而且異於其他動物，是獨特的存在體。有一位基督徒科學家為了弄清楚這個事實，便盡力研究除了DNA，人類是否還有別的遺傳基因。可惜答案是否定的。這是一個看似好笑，卻讓人笑不出來的故事。我認為正因為DNA的發現，證明大乘佛教的「草木國土悉皆成佛」所言甚是。

根本上，若蘊含這種宇宙觀的佛教繼續發展，就能建構一個規範二十一世紀世界人類的宇宙觀。而且，佛教徒應該要對現在這個破壞自然的文明表達強烈的憤怒，並且站在環境保護運動的前線。

空的思想所帶來的再生——對於精神崩壞的危機

最後，是關於第三個危機。此危機的嚴重程度並不遜於第二個危機，也是近代文明的根本問題。近代歐洲擱置宗教議題，在科學技術的基礎上建立了新的、有豐饒生產力和強大軍事力的文明。非西歐文化圈的國家若不接受這種文明，就無法變成知識力與生產力均優的國家。如此，西歐或非西歐都發展成為近代國家，而這些近代國家的共通前提，就是要在宗教中取得自由。

從特定宗教中獲得自由甚好，但是，從該宗教中得到自由，不久，就會變成從所有宗教中得到自由，也就是不再關心宗教，視宗教為無關緊要之物。尼采所說的「上帝已死」正是這個意思。「上帝之死」所招致的命運就是道德的衰微與精神的喪失。

我很重視宗教的角色。大乘佛教在這個狀況下有兩點非常有意義。

第一是將空的思想置於信仰的根本。談論空的思想的是般若經典，我認為般若經典最終提倡的是將人從慾望的執著中解放。既不囿於有，也不困於無，既不被肯定牽絆，亦不為否定束縛；也就是把人從慾望的捆綁中解放出來，獲得超越慾望的自由，積極地在社會上活動。

大乘佛教透過自利利他的修行來表現空的思想。倡導自利利他的調和，是大乘佛教的實際性。不過有時利他也會勝過自利，在此情況下，菩薩即便犧牲生命也必謀求利他。利他修行正是大乘佛教最重視的精神。

現代文明的目的，或許是要解放人在宗教與道德中所受到的束縛，並且最大限度地滿足人類的慾望。但我卻認為，透過空的思想對慾望進行反省，不做慾望的奴隸，讓人的內在精神重生，並倡導利他之道，才是對現代文明來說真正重要的事。

因此，我相信佛教不論在預防或治療上，對上述三大危機都能發揮重要的功能。

（本文由一九九〇年四月於首爾舉辦的「韓國佛教放送局開局紀念演講」整理而成）

4

拯救人類的「森林思想」

哲學家的任務

話說，我拿到的講題是「二十一世紀日本文明的角色」，但我原是個哲學家，過去二十年來主要的研究範疇是日本的古代。

在日本，我的學問一般被稱為梅原日本學或梅原古代學，也針對日本的古代寫了很多書。因為這樣的緣故，談日本的古代會是我非常擅長的事，但若要展望未來，我就不太在行了。因此，今天這個「二十一世紀日本文明的角色」的題目，已逾越了我身為古代學者的專業範圍，不得不說是非常大的挑戰。但即便如此，我還是有義務必須做些回答。

因為我擔任海部俊樹首相（當時）私人懇談會——即「理想的二十一

世紀社會懇談會」（以下簡稱「二十一世紀懇」）的主席。在日本，這個懇談會很罕見地有四位女性成員，而整體是由十一名二十幾到六十幾歲，不替任何職業團體代言的人士所組成。從去年（1989）十一月到今年（1990）五月為止，每月兩次左右與海部首相共進早餐，自由地討論各式議題。我會接受懇談會主席一職，緣於我是海部首相高中學長之故。

日本學者通常不大喜歡與政治有所關連，但因首相既是多年好友，又是我學弟，他的請託實在無從拒絕。社會上有人謠傳我是海部首相的智囊，事實上，他從未徵詢過我關於政策的任何意見。唯一一次，他來問我：當要表達堅定的決心，展現政治家的果斷，該說什麼比較好？我的建議是「橫渡盧比孔河」①或「骰子已擲下」②。不過，首相最後並沒有採納。若說我是他的智囊，那麼我還真是個無用的智囊呢！但話說回來，我倒不認為二十一世紀懇沒有發揮作用。

二十一世紀懇的第一建言就是環境問題。我們曾與海部首相三番兩次地討論過這個議題。日前，首相在休士頓的高峰會針對百年地球再生計畫提出意見。日本首相在高峰會明確陳述己見，過去少有先例，因此可說深具時代意義。首相會在高峰會提及地球再生計畫，源於這是二十一世紀懇經常討論的議題。

正因之前擔任二十一世紀懇的主席，今天我才會接下這個充滿挑戰性的演講。況且誠如前述，哲學家絕不能只停留在研究過去的哲學，還應為人類未來的生活提供願景。

但話雖如此，這個問題實在太困難了，是故一直以來我都沉潛於研究過去的事，避免對當下及未來的議題發言。如今三十年已然過去，或者是拜日本研究與古代研究所賜，終於稍稍看出日本乃至人類文明的全貌。再加上我也六十五歲（當時）了，人生所剩無幾。既然本來就是哲學家，就更應從原本的日本學、古代學，回歸普遍性的學問或哲學才對。更必須從好不容易才看出端倪的日本全貌，進一步思考日本甚至全人類的未來。

我年輕時耽讀柏拉圖、笛卡兒、尼采等哲學家的著作，中年之後也寫了許多有關日本宗教、藝術、歷史與文學的書籍。不過今天的談話絕不足以代表日本，只是身為一個哲學家的我、極為個人的看法而已。

---

① 「橫渡盧比孔河」，比喻做重大的決定和行動，已無退路。英語的 Crossing the Rubicon 已變為成語，意指「破釜沉舟」。西元前四九年，凱薩破除將領不得帶兵渡過盧比孔河的禁忌，進軍羅馬，與龐培（Gnaeus Pomoeius）展開內戰，最終獲勝。

② 承上典故，「骰子已擲下」的原文為古拉丁文 *Alea iacta est*，是凱薩的名言，是他在渡河前說的話，意指「不成功，便成仁」。

足以誇耀全球的日本森林

我想，今天來到這裡的各位，一定都以某種形式，熱切地關心著日本。假如要問日本最值得誇耀的是什麼，不知你們會如何回答？其實，就算把這個問題拿去問日本人，可能也有很多人不知如何回答吧！

戰前日本的驕傲是萬世一系的皇統。根據日本人的信念，日本同一血統的天皇持續了兩千六百年。即使根據客觀歷史事實，也有一千三百年以上。這表示日本幾乎從未受外國侵略，是和平、穩定的。這確實是件值得驕傲的事。但是，世上有各式各樣的政治形態；有共和體制的國家，也有社會主義的國家。我認為，向那些國家誇耀我們長期持續天皇制，根本不是一件好事。

此外，很多日本人內心也會把今天的經濟發展視為值得驕傲的成就。然而，那就如同暴發戶自誇錢多一樣，非常丟臉。其實富有本身並沒什麼價值，富國人民的價值取決於金錢的使用態度。

假如前面提到的天皇體制與經濟發展，都算不上日本的驕傲，那麼，日本究竟能以什麼為榮呢？對於這個問題，很多人或許會覺得意外，因為我的答案是日本的森林。日本國土的百分之六十七是森林，而且其中百分之五十四是天然林。世界上沒有其他的先進國保有這麼高比例的森林。日本最大的森林在富士山麓，關於這一點，也可說富士山就是日本的驕傲。

日本為何能夠保留如此大量的森林？我認為有兩個原因。首先，日本的農業發展比較遲。再者，因為日本農業以稻作為主，不含養豬以外的畜牧業。

根據最近的地質學研究成果，日本列島的形成是比較晚近的事。據說，日本列島從亞洲大陸完全分離出來大約在一萬年前。那時，冰河期結束，冰的融解使海平面上升，形成了日本海，如今的日本列島於焉誕生。而就在日本列島即將形成之際，可往前溯及一萬兩千年的土器從日本列島出土。

當然，那時世上的人全都過著狩獵採集的生活。以日本列島為首的東北亞地區出現了人類最早的土器。土器的發明並不像金屬那樣直接與生產有關，也沒被拿來當作武器使用。我想，這一定是因為被大海包圍的日本列島，與其說是狩獵採集地，實則更是漁撈採集文化的發祥地之故。巨大的落葉喬木果實成為食糧，樹葉落地積成腐植土，變成最好的土器材料。日本這種伴隨土器的漁撈採集文化被命名為繩文文化，盛行了一萬年之久，形成日本的基層文化。

約在西元前三世紀，稻作農業被帶進日本。根據自然人類學等學門的研究成果，指出這不僅是稻作農業技術的到臨，也是帶著稻作農業的人渡來日本的事實。西元前三世紀相當於秦始皇統一中國的時期，恐怕是當時長江流域某國遺民在逃亡時，一併將稻作農業帶進了日本。稻作農業在高溫多濕的日本發展得非常成功，因此，紀元前三世紀到紀元後三世紀、共約六百年的彌生時代，除了東北地方與西南諸島以外，全日本都變成農業國家了。

接著，四世紀到六世紀的古墳時代，日本形成了以大和朝廷為主宰的統一政權。到了七、八世紀時，仿效當時的中國隋朝與唐朝，建立律令制度的國家。律令制將國家經濟的基礎全部置於農業上，因此，視為彌生時代的延長亦未有不可。之後雖曾發生諸多變化，但這樣的律令國家至少在名義上一直持續到明治時代，也就是直到引進以工業為基礎的西洋文明為止。

從巨觀的角度來看，西元前三世紀帶著稻米的某國遺民來到日本列島發展稻作農業之前，日本全境幾乎都為森林所覆蓋。接下來的兩千多年間，大約有三分之一被開墾成水田，其餘三分之二的山脈幾乎仍保留森林原貌。理由之一在於所引進的是稻作農業，另一則與日本的地形有關。

日本的稻作農業除了養豬以外，並無伴隨其他的畜牧業。而且，因灌溉水源的需求，得要在取水容易的平地上。所以即便奮力開墾農地，但到了一定面積以上就有困難了。另外，因缺乏畜牧業，故砍伐森林以為放牧的情況幾乎不曾發生。再加上日本山勢多險峻陡峭，植被是由喬木、灌木、草、青苔四層構成。就算砍了喬木，也無法即刻用作牧草地，因此日本山區的森林才得以大致保全。

與其他文明國相較，這不能不說是日本的一大特徵。在美索不達米亞地區，一萬年前就已開始農耕畜牧文明，而且不久便發展成大型的都市文明。吉爾伽美什王是世上最早的都市文明傳說中的創造者，他即位後所做的第一件事就是殺害森林之神胡姆巴巴。此事極具象徵性地指出：文明是藉由迫害森林之神發展出來的。所以我必須說：以小麥生產為主，並伴隨畜牧活動的文明，在迫害森林之神這一點上，實在比稻作農業殘酷許多。

現在已經很難在所謂的大型文明發祥地，如美索不達米亞、埃及、印度和中國看到森林了。而北歐與北美諸國、韓國、日本等先進的現代國家至今仍擁有豐富的森林資源，絕非偶然之事。

森林文明的觀念

於是，無庸置疑地，日本文化的基層是由號稱森林文明的繩文文化所形成的。要了解這個文化的內涵與精神特徵，並且為後來的日本文化帶來怎樣的影響，並不能只依靠考古學的遺物，還必須綜合自然人類學、文化人類學、民俗學、歷史學和宗教學等各領域的學問才行。

直到不久前，愛奴人、沖繩人、住在日本列島山間和島嶼的狩獵民與漁民，都還維持著漁撈採集的文化。是故，加強研究他們的宗教和習俗，會特別對這個領域的了解有所助益。

長久以來，我一直百般苦思著這個問題。我認為，這種文化的精神特微可歸納如下。

首先是對於平等的重視。例如，在日本深山裡有遵循傳統狩獵法的又鬼③社會。每當他們要獵熊時，都會延請這方面的翹楚來擔任領導者。去獵野豬時也會託付最擅於此道者來領導眾人，並且在這段期間內完全遵守指導，所得獵物也會公平分配給無法參加狩獵的老人與寡婦之家。若觀看繩文時代的住居遺跡，會發現正中央廣場的周圍並列著同樣大小的豎穴式住居。狩獵採集的生活無法儲藏食物，因此對他們來說，以二十到五十人為單位貫徹平等原則共同生活，是理所當然的事。

這種平等不僅存在人與人之間，也存在人與動植物之間。身為森林居

③又鬼為愛奴語，發音為matagi，是日本東北地方傳統的冬季獵人，主要活動在青森縣和秋田縣之間的白神山地森林。此文化已日趨式微。

民之一的人類，絲毫不覺得自己與周邊的動植物有何不同。

他們認為：不只動物植物如此，甚至連山脈、河川也和人類一樣，擁有靈魂。他們本來是與人一樣的，只不過偶然間以動物、植物、山脈或河川的形態出現在這世界上。特別像是提供美味肉品和溫暖毛皮的熊、給人類用做主食的橡實、可做為房屋與船隻材料的樹木等，都是帶著伴手禮來人間拜訪的客人。既然如此，人類也就主隨客便，尊重他們的美意，萬分感激地享用這些禮物。之後，再鄭重地將其靈魂送回彼世。

在他們的觀念裡，那世界並非只有亡故的人類，而是一個連死去的熊和樹木等都一起生活的地方。受到厚葬回到彼世的熊和樹木的靈魂，會與同伴點點滴滴分享在人間所受到的禮遇，這些熊或樹木聽了就會想著：既然如此，那我也要早一點去人間才好。於是，隔年人類就會捕捉到大量的熊。植物也會結實纍纍。

和熊與樹木一樣，人死後也會被恭謹地埋葬。特別是死前怨念很深、溺死者或死因特殊的人，更須厚葬後再妥善送往彼世。因為，若無法抵達另一世界，就不能再回到人間。

再者，愛奴社會認為一切生命都會再生。例如，A家的男性和B家的女性結婚，懷了孩子。此時，彼世的A家代表和B家代表就會聚集討論這次要派誰回去。最後若選擇了C，C的靈魂就會遠從彼世過來，進入母胎，待足月之後被生下來。過去，日本人看到新生兒時會說：啊！這孩子跟過世的爺爺簡直長得一模一樣呢！一定是爺爺投胎轉世的。於是就用爺爺的名字為孩子命名。

如此想來，這個森林文明的思想就很明白地凸顯出來了：人在自然界並不具有什麼特殊權力，而是和動植物一樣，在此世與彼世間不斷循環的一份子。這種觀念乍看並不科學，但我必須說它其實非常精準地掌握了生物的本質。

因為，生命體的本質原就是死亡與再生的循環。人、熊、樹木甚或一切生物，做為客體雖然會死，但根源的種子卻會變成子子孫孫，不斷地轉世再生。也就是說，死亡與再生是永續不斷的。或許我們可以現代用語來說：即便個別的生命終有結束的一天，但根源的遺傳基因，卻能永恆不滅。

貫穿日本社會的平等與和諧理論

承上所言，我想提出一個問題。假如這個森林文明，這個形成日本基層文化的繩文文化、狩獵採集文化的精神特徵，存在於生命本然的同一性，也就是平等的概念和永恆的循環上，那麼，這個特質對後來的日本文化產生了怎樣的影響？

概觀繩文時代之後的日本社會，就像前面說過的，日本是由帶著稻作農業而來的彌生人所建立的國家；彌生人征服了狩獵採集的繩文原住民，建立了日本這個國家。八世紀的《古事記》和《日本書紀》裡的神話寫著日本人是由天照大神的子孫，也就是外來的農耕民，以及須佐之男命的子孫，亦即狩獵採集的原住民共同組成的。後者被稱為國神的子孫，前者則是天神的子孫，而且，後者必須臣服於前者之下。

這個神話的具體表現就是氏姓制度。古墳時代，人依氏、姓決定身分與職業，這也可稱為日本的種姓制度。後來這個身分制度之所以會瓦解，有一部分是來自佛教的影響。七、八世紀時，日本學習中國致力於建設律令社會。創始者聖德太子並想用佛教來奠定社會的基礎。然而，佛教的核心理念之一是平等，故八世紀末佛教的平等主義讓律令社會一度幾近崩解。不過，後來仍維持了四世紀之久。

給這個律令社會帶來最大衝擊的是武士的勃興。我們可將日本武士的祖先視為狩獵民，也就是繩文人的後裔。因為武士的抬頭與佛教的滲透，促使身分秩序慢慢崩塌，後來，下剋上變成了時代浪潮。到了德川時代，身分社會看似敗部復活，但事實上，掌權的大名諸侯幾乎都是一夕發達的平民，並非原本就隸屬貴族階級。明治時代，德川幕府的體制傾頹，再加上西洋民主思想的影響，日本在名義上已是四民平等的社會。但實際上還是要等到戰後，殘存的貴族社會才徹底土崩瓦解，讓四民平等終於名符其實。

我擔任所長（現在是顧問）的國際日本文化研究中心有位飯田經夫教授（當時），他認為戰後日本經濟的蓬勃有賴兩大要素，一是幾乎同質化的一億兩千萬人口，二是對於平等的積極追求。

誠如剛才所說，日本人實際上是由彌生人與繩文人這兩個截然不同的種族共同組成。彌生人來到日本，大約是在西元前三世紀至西元前一世紀之間，之後，直至約七世紀，陸續有許多從亞洲大陸，特別是朝鮮半島來的人。其中當然不乏政治流亡者，但也有為了追求活躍的生命舞台而來到日本新天地的移民。然而，這個現象大約到七世紀就結束了。自那時起，來到日本的外國人便少之又少。因此，這個與四周隔絕的島國在文化的同質性上得以顯著發展。特別在十七世紀以後，德川幕府實行鎖國體制，對日本人的同質化有著相當程度的貢獻。

二戰結束後，日本社會的階級流動變得更加劇烈。戰後日本最具象徵意義，也最有權力與人氣的首相田中角榮，以及大企業家松下幸之助，都是從庶民階級往上爬而得以功成名就的人。而且，這兩人並非例外；日本首相幾乎都出自庶民階級，相貌也都頗為平民化。日本甚至有此一說：若長得太貴族臉，是無法當上總理大臣的。

我並不認為日本社會的平等傾向來自戰後或明治以後民主思想的影響，而可往前溯及建構日本文化基底的繩文文化；打那時起，人們就已表現出對於平等的強烈憧憬。佛教與民主思想只是附加的助長力量，最終拆解了日本社會的身分制度。

這個平等的理念在現代日本社會發揮了非常正面的功能，並且，不能否認的，也成為促進經濟發展的要素之一。而此平等化的思想底蘊就是和諧的概念。七世紀時，主導日本建構律令社會的政治家聖德太子，在他所制定的十七條憲法的第三條上，加了「以和為貴」這句話。誠如前述，這是從一千年來繩文原住民與渡來人之間以血洗血的慘痛教訓中萌生的智慧。因此，我們也可以把這個和諧的概念視為構成日本社會的原理。

正是這個和諧的原理使明治以後、特別是二戰後的日本得以蓬勃發展。成功的政治家或企業家被要求揮毫時，寫得最多的，也就是「和」或「忍」二字。

二十一世紀不可或缺的羅漢式和諧

無庸置疑，「和諧」是聖德太子以來建構日本社會的重要概念，也是日本社會得以發展的原理。但是，我認為二十一世紀光靠這個是不夠的。和諧的理念以集團價值為優先，把個人價值放在次要的位置。有人說，日本少有傑出的個人，但成為團體時卻能發揮超強的力量。確實，日本是這樣的民族沒錯。

例如，就日本的人口數及平均的高知識水平來說，諾貝爾獎得主卻相當少。再者，除了黑澤明、三島由紀夫等人以外，能帶給現代世界新鮮震撼的藝術家實在乏善可陳。

目前日本最活躍的電影導演伊丹十三（已歿）最近拍了一部片，叫做《鴻運女》（Tales of Golden Gsisha，又譯「黃金藝伎的傳說」）。根據他自己所言，這部電影刻劃的是日本男性的普遍形象，包括⑴無法忍受孤獨，⑵無法自行判斷，⑶無法自己負責。而若用我的話來說，他所描繪的正是和諧的日本社會的人物形象。在講究和諧的社會裡，人們會把隸屬團體的和諧視為最高的遵守原則。所以，容易養成⑴無法忍耐孤獨的特質。⑵由於生活中必須隨時察言觀色，故不易養成決斷力。⑶進而，無法自己負責。正因這種和諧的社會難以培育個性鮮明的人物，遂妨礙了日本造就出卓越的個人。

我的長相或體格都非常日本味。但不知為何，從年輕時開始，我就過著與一般日本人相反的生活方式；也就是能忍受孤獨，自己做決定，並且一個人負責。我曾在學問上提出許多假設，例如，法隆寺是聖德太子的安魂寺廟；詩人柿本人麻呂遭受流放之罪，最後被處死；愛奴語和日本語絕非不同語言，而應具有近親關係等等。像這樣，從正面提出了好幾個挑戰日本學界共識的假設。

日本的人文學界向來以介紹、研究日本傳統學問及外國學問的權威為主要任務，因此，我的假設對他們造成相當大的衝擊。其中當然不乏讚賞之聲，但每每相繼而來的多是中傷與謾罵。不過除了極少數的例外，對那些不夠格稱為評論的惡意攻訐，我幾乎都不予理會。因為，當我提出一個假設時，會受到更大求知慾的驅使，身心都沉醉在新假設的形成，而無暇顧及他人看法如何。

我現在擔任國際日本文化研究中心的所長（當時），這是因為痛感日本文化需要一個綜合性、國際性的研究組織，而以我們京都學者為中心，於三年前（一九八七年）成立的機構。或許，日本經濟的蓬勃發展，也是讓全球日本研究者與日俱增的原因之一，但卻沒有提供國內外研究者交流的場域。本中心遂扮演了這樣的角色。今天之所以能大開日本研究的新視野，和日本人本身的努力比起來，其實更是拜外國人之賜。

具有新視野的海外日本研究者來本中心參訪，或投入共同研究，或與本中心教授進行學術對話，藉此，我們希望能夠孕育出創新的日本研究。

有關本中心研究員的採用標準，我選了與伊丹十三的日本人特性相反的條件。那就是⑴能夠忍耐孤獨，⑵能夠自己決斷，⑶能夠自行負責的人。我從日本學界和全國大學中尋找這樣的人才，延請他們來主持共同研究。不過本中心並未因此而發生欠缺和諧的問題。

我認為羅漢式的和諧方將是日本人未來應有的方向。誠如各位所知，到禪宗寺院去時，會看到並列的羅漢像。禪宗把羅漢視為理想的自由人，而且佛教中最強調自由的就是禪宗。不受任何事物羈絆，成為完全自由的人，並能應對各種情況，就是禪宗理想中的羅漢。每個羅漢都獨具特色；完全自由，與眾不同。我認為這種羅漢式的和諧社會，才是今後日本社會的理想圖像。

誠如近代歐洲國家在加強經濟力之際，也孕育了非常傑出的個人。例如，義大利的達文西、英國的莎士比亞、法國的笛卡兒、德國的歌德，都是優秀又個性鮮明的天才。今後，日本也須努力培養這類風格獨具的人。假如只有強大的經濟力，卻無法造就出傑出的人才，那麼，被視為精神耗弱的國家也是無可奈何。

另外，日本社會有眾生平等的觀念，以及從生到死，永劫循環的思想。這些都是強烈貫穿日本文化的原理。

例如，在以中國為範本建立律令國家的八世紀，日本人就創造了世上絕無僅有的和歌。那時的歌集是《萬葉集》。《萬葉集》裡有長歌、短歌、旋頭歌三種類型，但主要是短歌。直到十七世紀的俳句出現為止，短歌獨佔日本韻文的主流。短歌的出現當然不乏來自中國詩的影響，但是，中國的詩人常身兼政治家，詩作多半用於闡述社會關懷。

因此，中國詩的主流可說是政治詩或社會詩。但仿效中國詩的第一部日本歌集《萬葉集》，固然也可見歌人柿本人麻呂與山上憶良的社會關懷之作，但主要還是自然吟詠與戀愛詩歌。成立於十世紀初的《古今和歌集》是日本最初的敕撰和歌集，上述傾向更為強烈。本歌集共二十卷，四季歌佔了六卷，而戀歌有五卷。一面歌詠大自然微妙的時序變遷，並將對情人的思慕託付其中的抒情詩，可說是日本和歌的主流。

十八世紀，正值興盛期的俳句更強化了這種傾向。俳句需要季語④，換言之，如何利用世界上最短的定型詩，即五、七、五共十七音精準敏銳地捕捉自然，是詩人必須面對的課題。俳諧文學的巨擘松尾芭蕉在《奧之細道》裡說過：「日月猶百代之過客，如來去之旅人。」就是我前面提到的，一切眾生都流轉在生死的永劫循環之中。

太陽對古代日本人來說，也和古埃及人的觀念一樣，到傍晚日落西沉，黎明自東方再生。也就是說，太陽每天都重複著生死循環，我們也隨著它的生死韻律，日落而眠，日出醒轉。睡眠就是入侵生命的死亡。因此，人也如同日月和一切眾生一樣，持續著永恆的生死之旅。這正是芭蕉的世界觀。

西洋庭園旨在表達征服自然的意志，但日本庭園則在象徵性地呈現自然風貌。日本庭園看來極其自然，卻有至為纖細的斧鑿痕跡。它呈現了整個寰宇：有山有海，有神有人，亦有生有死；如此，隱含地將世界的整體表現在一個庭園之內。

④季語出現於平安時代後期，為俳句中用以表達特定季節的詞彙，如花（春）、小杜鵑（夏）、月（秋）、雪（冬）等。

宗教裡的森林思想

不僅日本的藝術如此，宗教也和這種文明的概念密切相關。神道在七至八世紀，以及十九至二十世紀時遭遇國家主義化，但若追溯其源頭，只不過是自然崇拜而已。

日本的神社都有森林。有的寺廟是沒有森林的，但沒有森林的神社卻令人無法想像。神社裡有神殿，但最初日本神社裡並沒有神殿。因為人們認為森林本身就是神明，或者，覺得神明已經降臨在森林裡高聳的樹木上。此外，在日本神社裡，有些動物是神的使者，例如稻荷神社的狐狸、大神神社的蛇、天神社的牛等等，都源自動物本身就是神明的觀念。

流傳於愛奴社會的歌謠分為神威歌謠與愛奴歌謠兩種。神威歌謠的主角幾乎都是動物，由動物唱述自己如何與人類來往交流，以及對於人類的重要性。

我認為日本的能劇⑤有某些地方和這裡的神威歌謠有關。能的主人公多半是在此世與彼世間徘徊的亡靈，而且，對此世怨念甚深，故難以到彼世成佛去。飾演遺願未了、流離此世的亡靈主角，會在途中遇見飾演配角的行旅僧，回答對方的提問，並傾訴過往的怨恨。透過傾訴的過程，得以消解怨念，最後，終於平安抵達彼岸。因此，能劇可說與日本古老的宗教儀式有關，是將死後無法順利成佛的亡靈順利送達彼岸的演劇。

⑤「能」是日本獨有的歌舞劇藝術，必須佩戴面具演出。日本的代表性傳統藝術之一，與歌舞伎同在國際上享有高知名度。

日本的佛教也站在這個基礎上，創立了名為天台本覺論的獨特思想，提倡「草木國土悉皆成佛」的觀念。我們必須說，這種主張眾生平等的日本基層文化，已經大幅改變了佛教的內涵；原為大人類中心主義的佛教，後來改頭換面，成為自然中心主義。而這種生命永恆循環的概念，也深深投影在日本最有人氣的宗教家親鸞身上。

親鸞倡導兩種迴向，由往相迴向與還相迴向所構成。所謂往相迴向，指的是只要唸誦「南無阿彌陀佛」，人人皆可往生極樂淨土。但這樣還不夠。就算自己能到極樂世界，這裡還是有許多人在受苦，因此，極樂世界只是暫時的落腳處，之後還得回來才行。這就是大乘佛教菩薩道的必然。換言之，菩薩是自利利他的行者，既然要徹底地修行利他，便不能一直獨自待在安穩的極樂淨土。

如此，在此世與彼世間往復來回，努力拯救他人，才是彌勒菩薩境界的念佛行者應行之道。像這樣，一切眾生皆平等和此彼世間的永恆循環，就是貫穿日本藝術與宗教的思想。

日本森林的面積之所以至今仍佔國土的百分之六十七，應該也是這種思想的一種展現吧！就這一點而言，我們的文明傳統實在非常優異。然而，我並不認為現代的日本人有意識到這件事。

二十一世紀最大的危機——環境破壞

戰後，日本無條件地將征服自然的概念視為現代文明之道。這種思想廣為普及，促成飛躍性的工業發展，但它的代價卻是隨處可見、且不斷惡化的自然破壞。

當然，對於工業汙染，日本有著世上最嚴格的法規，可以讓這個問題得到某種程度的控制。不過，賺錢至上的日本人，有的汲汲於擴大高爾夫球場，有的熱中於興建度假設施，對於我們這些反時代學者的意見，根本充耳不聞，導致自然破壞持續惡化。而且，日本經濟的繁榮造成了木材和紙張的浪費，所以不能否認地，我們也是破壞熱帶雨林的幫兇。

我認為二十一世紀人類最大的危機就是環境破壞。酸雨、臭氧層破洞、地球沙漠化、熱帶雨林破壞、森林的滅絕，舉任何一個來看，都是威脅人類生存的現象。這些問題盤根錯節，幾乎就要毀滅人類社會的根基了。

要將人類從這樣的危機中拯救出來，固然需要立即性的對策，但首要之務還是在於觀念的改變。笛卡兒與培根把人與自然涇渭分明，指導近代文明的發展，並透過科學知識客觀地研究自然，以便得到征服它的技術。自然科學確實獲得了長足的進步。如今，人類對於自然的了解、精密的現代知識、飛躍性的技術與豐盈的財富，都是三百年前絲毫不能比擬與想像的。但是，破壞地球的環境也讓我們付出慘痛的代價，甚至摧毀了賴以生存的根基。

這是全人類都必須共同面對的課題。我認為它比過去所經歷過的任何危機都更深刻也更嚴峻。過去的危機，大概只是某一文明的危機，但現在則是足以毀滅全人類的危機。

而且這個危機由來甚久，並非工業革命或近代以後才產生。事實上，從人類創造農耕畜牧，形成都市文明以來，就已經潛在人類整體之中了。換言之，文明其實建立在人類對於森林的鯨吞蠶食。

每當一個文明崩壞，人類就往下一個仍有森林的地方去。為了創立新的文明，便毀滅另一片森林。農耕畜牧時，森林的破壞只是局部性問題，但自從工業發展帶來不可限量的財富，森林就遭到加速度的破壞。日本相對地保留了較多的森林，是因為農業與工業輸入較遲之故，但若照此情況下去，國土百分之六十七的森林恐怕很快就會消失。森林的滅絕正是農耕畜牧文明、特別是近代文明以來人類無法避免的命運，而且，無庸置疑地，假如不做出立即性的、徹底的改變，就會墜入萬劫不復的地獄。

因此，我們必須把文明的原理、即以支配自然為善的概念，轉換成與自然共生的思想。人類應該回到狩獵採集時代的世界觀：不以個人為中心，而以物種為中心；也就是找回永恆的生死循環的觀念。

這樣的思想不僅存在古希臘和印度教裡，也在中國的老莊思想之中。或許更是狩獵採集時代所遺留下來的共通價值。我對未來的日本文化有信心，因為我相信這個原理保留在日本的文化傳統裡。甚至，不僅在日本文化裡，亦可在希臘、凱爾特⑥、美國印地安或澳洲原住民思想中找到。為了貫徹征服自然的合理性，近代人排除了許多異己思想，可是如今已到了必須重新關注這些思想的時刻了。

⑥凱爾特人（Celt，又譯塞爾特人、居爾特人），為西元前兩千年於中歐活動、有著共同文化和語言特質，且具有親緣關係的民族之統稱。主要分布在當時的高盧、北義大利、西班牙、不列顛與愛爾蘭。

加拿大是世上少數的森林大國。不僅為了他們自己，我想，更應該為世界未來把森林長久保全下去。溫哥華也嘗試著令人敬佩的自然保育活動。或許你們曾聽過「鮭魚返鄉」運動，讓鮭魚回到河川裡的事吧！為了二十一世紀人類的未來，這種運動應該大力推廣才是。

我已談了不少日本傳統文化的話題，也在不知不覺之間提及部分二十一世紀日本文明的議題，但仍有尚未觸及的事，就是在二十一世紀的國際社會上，日本應該扮演怎樣的角色。關於這一點，我想陳述一些相當個人的意見。

日本有一部和平憲法，禁止我們擁有軍隊。或許有人會說：那是美國二戰後單方面強加給我們的。但是，也有人認為：我們之所以輕易地就接受了那部憲法，是因為戰爭帶來的教訓實在太大了。

特別是廣島和長崎的經驗，極具衝擊性。假如未曾發生此事，或許無法讓日本軍國主義者結束這場絕望的戰爭。身為唯一一個原子彈被爆國，日本人受夠了戰爭，因此，即使到現在，和平憲法依然是大多數日本人心靈的依歸。

根據和平憲法規定，除了自衛隊以外，日本不能另外擁有軍隊，因此也就無法像美國那樣，派遣軍隊到海外維護世界秩序；這個角色只能委託美國或蘇聯。但另一方面不可否認的是，擁有強大武力的國家，危險性也很大。

所以，不具軍事力量的日本，最終只有擔任各國的理解者、媒介者這一條路。身為東洋人的日本，成功吸納了西洋的近代文明，應該能夠扮演好東、西洋媒介者的角色才對。我認為活用日本的經濟力來調停各種紛爭，應該是我們今後應該走的方向。

有一個神祇在繩文時代最受崇敬，不料，到了彌生時代卻受到壓迫，那就是火神。繩文時代最受敬仰的火神與人的距離最近，還會傾聽人類的願望，並代為轉達給眾神。火神不但是人類與眾神的媒介，也是眾神之間的媒介。直到今天，日本人在拜佛時都會在佛壇上點燈。此外，盂蘭盆節迎接祖靈時，也會點燃迎魂火和送魂火。因為火是溝通此世與彼世的橋梁，這是古老信仰遺留下來的餘緒。

然而，八世紀的神話性史書《古事記》中記載火神即迦具土神⑦害死了創造日本的女神伊邪那美命，因此慘遭她丈夫伊邪那岐命的殺害。後來，取代火神登上日本之神寶座的是太陽神，於是日本天皇就變成太陽神，也就是天照大神的子孫了。出於對太陽神的崇拜，日本國旗採用圓形的太陽形狀，並取了「日本」這個國號。

太平洋戰爭時，日本國粹思想的基礎就是出自太陽選民的觀念。這種危險的選民思想一味鼓吹日本的國家主義，把日本孤立於世界之外。我個人的偏好是：與其崇拜太陽神，其實崇拜火神比較好。

也就是說，日本不應該成為像太陽神那樣的國家：指導唯一、絕對的世界。而應該如同火神一般，擔任文明與文明、國家與國家，甚至此世與彼世之間的橋梁。只不過，誠如先前已說過多次，這只是我極為個人的意見，和我想法一致的日本人恐怕很少吧！

（本文整理自一九九〇年八月於溫哥華的演講；紀念加拿大基督教哥倫比亞大學七十五週年校慶暨亞洲中心設立十週年）

⑦迦具土神即火神，是日本神話中伊邪那岐命和伊邪那美命的孩子。漢字亦寫做「火之夜藝速男神」、「火之炫毘古神」等。

5

從人類的宗教到森林的宗教

樹齡三千年的神木

昨晚，我有幸在武雄神社的大楠樹前看了流傳於武雄市（佐賀縣）的浮立①和椎葉村（宮崎縣）的神樂②公演。夜晚的大楠木前演出的浮立與神樂，散發出不可思議的神聖馨香，極其動人。

我並未看過全國所有的浮立，而武雄的浮立彷彿室町時代的藝能，實為珍貴。室町時代的婆娑羅③裝扮華麗，猶如仙人般舞於人群之上。我也很感動室町時代的浮立至今仍在武雄流傳。此外，椎葉村的傳統神樂也是神明前的即興歌舞，我欣賞得津津有味。

今天則看了武雄的三棵神木。以前也來過武雄，但這還是第一次看到川古與塚崎的神木呢！神木實在是了不起的東西；樹齡三千年，代表見證了三千年的歷史。神木樹身上巨大的突起肉瘤是漫長歲月的痕跡。悠然生長的枝葉，令人深深敬畏。不管是線條優美的武雄神木、根植四周的川古神木或是雷劈受損的塚崎神木，都風格獨具，傳承著迥異的歷史。我看了這棵三棵神木，不禁感動萬分。

之前看了武雄神木就一直在思考，這些樹木何以能活三千年之久？這問題引人深思。

---

①浮立，分布於佐賀縣，為向神明感謝豐年而奉納的民俗藝能。

②神樂，日本神道教在祭典時敬獻給神祇的歌舞。

③婆娑羅，源自梵語發音，意旨金剛石，即鑽石。平安時代起隸屬雅樂・舞樂領域用語，指打破傳統奏法，自由奔放的演出。鎌倉時代以後，亦指穿著華麗、引人注目，不拘禮節的行動或人物。

樹木這種東西，說起來就是材料。特別是楠木，既是貴重的造船材料，也可做建築使用，掌權者必會索求這些巨大的樹木。因此它們可說是在與這類要求的不斷戰鬥中倖存下來的。建造城池或砌築各式建物時，歷代主公肯定需要用到大型木材。那麼為何抵抗得了當權者的要求呢？在我參訪了這三棵神木之後，得到一個結論：能躲過多舛的命運，乃因這些神木隸屬神佛之故。

武雄神社巨大的樹木就在御船山的入口。御船山是神山，位於此山入口的就是神木。窺其裂縫，可見裡面供奉著神祇，故我認為這些樹木端賴神明庇佑。或者說，正因這些樹本身就被視為神明，才得以長久存活下來。

而川古的神木又是如何？有一傳承說：川古的神木有行基雕塑的佛像。據說行基（奈良時代僧人）是向日本民眾推廣佛教的和尚。我想進一步指出：將木雕佛像在日本扎根的就是行基。

行基雕了非常多的木雕佛，並且透過木雕佛將佛教傳播至日本各地。雖然我不確定它們皆出自行基之手，有的或許只是追隨者佯稱之作？總之，日本有很多佛像被稱為行基佛。這個川古的楠木也被傳承為行基佛，而且是被雕在活楠木上，因此隨著樹木的成長，佛像的表情也會產生變化。若要說困擾，確實是有一點，但就佛像會慢慢變化來說，不就是真的活佛了嗎？這種佛像稱為立木佛，散見於全國各地，其中一棵就位於川古。

後來由於廢佛毀釋的影響而受破壞，因此，現在使用的材料是水泥。但願這情況能夠改善，現今的樣子實在不適合做為行基佛，還望依原樣流傳才好。不過，這棵神木之所以至今仍存在、未被砍倒，終究是因為刻著行基佛的緣故。

以樹木為神佛信仰對象

這樣想來，塚崎的大楠木也是被當作神明來信仰的。因此，當我們在思考大樹的意義時，重要的不僅在於它有多大，還要注意是否被當作神佛來敬拜。若然，接下來的問題就是：把巨大的樹木當作信仰對象，或在樹上雕刻佛像的佛教、日本神道，究竟具有什麼內涵。

據說這些神木的樹齡皆有三千年之久。讓我們試著回到三千年前吧！三千年前的日本是繩文時代，也就是狩獵採集的時代。當時的主食之一是橡實。人們撿拾橡實，磨粉後製成糰子食用。日本的橡實資源非常豐富，橡實的樹木既有闊葉樹也有落葉樹。因此，繩文時代的人口分布多以有逆流鮭魚與鱒魚的東北地方、橡實物產豐饒的九州地方為主。近畿地方幾乎杳無人煙。繩文時代的主食主要是魚類、橡實以及山菜，使用土器來烹煮、食用。

繩文時代的日本列島，或許甚至遍布了幾萬年的樹木也說不定。隨著時代推移，到了兩千三百年前的彌生時代，人們開始在平地引水為稻田。直到現代，日本農耕仍以水田為主。目前日本的森林保持率據稱仍高達百分之六十七，在全球的先進國家之中名列前茅。而中國又是如何呢？惟百分之二十而已。

日本國土究竟為何多達百分之六十七皆為森林所覆蓋？一是因為稻作農業引進較遲之故。稻作進入日本大約是在兩千三百年前，所以日本算是農業的後進國。而且，引進日本的農業是稻作農業，既無伴隨著畜牧業，水田又只能選在平坦之處，山區或森林地帶毫無開發的可能。就這樣，森林被保留了下來。特別像武雄市御船山這類的神山也保留許多。前面提到，日本有百分之六十七的土地是森林，而且據說其中的百分之五十四是天然林。換言之，日本國土的三分之一都是天然林。我覺得這是非常了不起的事。

日本的宗教是神道和佛教。我認為，尤其日本神道原本是森林宗教。神道自繩文時代起就是日本人的宗教，日本的神社一定有森林；沒有森林的神社不是真的神社。我們從小到大只要一提到神社，必然會聯想到森林。

但若提到的是寺院，就不一定會聯想到森林；雖然有森林的寺院也不少。而且，神社的神殿和拜殿之類，是相當後來、大約到七世紀左右才出現的。七世紀以前的神社既無神殿或拜殿，神明本身就是森林。而既是神明，就不能封閉在神殿裡，而應優遊於宇宙，有時才降臨凡塵。神木上綁著注連繩④，是神明降臨的印記。

所以說，日本的神道原是自然崇拜，而這個自然崇拜的神道曾兩度變成國家宗教。第一次大約是在八世紀的律令時代，稱為禊祓與驅邪的神道。第二次是十九世紀到二十世紀之間，這時，日本神道明顯地國家宗教化。我們常把那個受到國家宗教化的東西稱為神道，其實它與原本的日本神道已大異其趣。

最初的日本神道是自然崇拜；而自然崇拜就是大樹崇拜、石頭崇拜、山川崇拜，也是岩石、土地的崇拜，以及動植物的崇拜。這才是我所理解的日本神道。因此，神社有森林，有身為神明使者的動物——例如稻荷神社的狐狸、三輪神社的蛇、天神神社的牛。而這些被稱為神明使者的動

④注連繩，又稱標繩、七五三繩。用稻草編織成繩子，在神道信仰中用於潔淨。

物，過去肯定是被當作神明來看待的。日本的神道原本就是自然崇拜的宗教信仰。

再者，自然崇拜的宗教並非日本獨有，而是世界共通的現象。尤其在狩獵採集時代，肯定是全球普遍的宗教才對。在狩獵採集時代，人類住在森林裡，最直接感受到的就是大自然的威力，因此會把大自然視為神祇來膜拜。太陽是神，地球也是神，山川、植物、動物等一切的一切都是神。既然如此，當然要向眾神祈禱，諸神護佑啊！我認為日本神道是一種人類共通宗教的展現。

然後，六世紀時佛教傳入日本。佛教是印度釋迦的教誨，釋迦認為這個世界是苦的，苦的根源在於有愛欲。消除愛欲不僅可以消除此生之苦，還能脫離六道與生死的輪迴。這就是釋迦所倡導的開悟，說起來，屬於相當人類中心的宗教。

如此的宗教在六世紀傳到了日本。但是，進入日本之後的釋迦佛教發生很大的變化。是怎樣的變化呢？釋迦佛教原是以人為中心的，亦即引導人類開悟的宗教。進入日本以後，卻變成不只人類、舉凡一切眾生皆能成佛的宗教。

於是有趣的事就發生了。我剛才也說過，日本佛像全是木造的，雖然此事過去並不常被提到。

當時，中國最宏偉壯麗的佛像是金銅佛；亦即以閃閃發光的金子製成，耀眼奪目的佛像。這種佛像最受讚譽。接著是乾漆佛像。所謂乾漆，是以黏土塑形，於其上反覆塗漆，貼上麻布，重複上漆，待達到一定的厚度，再去除黏土內芯的佛像。這種佛像的價值也很高。接下來是塑像，也就是土製佛像。

承上所言，當時中國的佛像大致有這三種。何以得知？乃因鑑真帶來日本的佛像目錄裡有所記載之故。或許因為中國缺乏足以雕製佛像的巨大樹木，才使用金銅、乾漆和塑像吧！而日本上好的樹材隨處可見。彌生時代以降，日本的樹木雖然被砍了不少，山上仍有很多大樹用於製作佛像。

過去一般認為日本的奈良時代沒有木雕，而是自平安時代以後才開始盛行木雕佛。但事實上，行基就製作了很多上好的木雕佛，稱為行基佛。

全國各地都有行基佛的傳承。那一尊尊栩栩如生的木雕佛，質樸卻極有個性。奈良大學井上正先生指出，如傳承所言應該都是行基佛。我也認同此說。行基當時為了在日本推廣佛教，先建造寺廟，製作佛像。佛像使用的材質並非金銅或乾漆，他也沒有如此財力。塑像亦非日本的傳統。日本有的是自飛驒工匠以來的木雕技術，且木雕佛又有迅速完成的優點。因此，行基完成了為數眾多的木雕佛，並大量留在行基傳承的寺廟裡。

行基歷來被視為向民眾傳布佛教的人。要問他的做法如何？就是用木雕佛將佛教傳到日本各地，亦即製作木雕佛像以推廣佛教。換言之，意義在於樹木。

自古以來，樹木在日本就是靈魂寄寓之所；意指樹木也就是神明。因此，製作木雕佛一事，並非是佛師在雕塑佛像，而是佛從樹中自然生成；

也就是神明顯靈之意。

《日本靈異記》⑤裡也有這樣的記載吧！有位法師想雕佛像，伐來一棵大樹，卻發現不適用於佛像雕刻，於是就把木頭當做橋使用了。不料，某天法師渡河，橋上傳來哭聲。來去此橋多次，哭聲依舊不止。左思右想，才發覺是因神佛被困在樹裡，哭著想要出來。滿心愧疚的法師，就用那樹雕成了佛像。

此類故事在日本俯拾皆是。很美對吧！行基佛裡也有無眼佛像。明明完成了，卻沒有眼睛。我的理解是：那是甫從樹中出現的神佛；亦即尚未開眼、剛從樹裡出生的新生佛。

行基之後，到了平安時代，日本的佛像就全都變成木雕佛了。這也顯示佛教真正在日本落地生根。換言之，過去被視為神明的樹靈，如今已與佛像合而為一。於是，佛教就迅速地大眾化了。

日本的佛教——邁向森林的宗教

並沒有時間讓我詳細多說，不過，上述之事若從日本佛教的思想層面來看也已頗為清楚。日本佛教發展得最蓬勃的就是密宗了。密宗信仰大日如來，也就是太陽。換言之，這代表了在密宗的概念裡，釋迦並非人類，而是大自然的一部分。

第二興盛的是淨土宗。淨土信仰認為人死後會再回到人間。草木國土

⑤《日本靈異記》，全名為《日本現報善惡靈異記》，僧人景戒所著，成書於平安時代（794-1192）初期，但確切年份不詳。亦為日本最早的民間故事集。

悉皆成佛，就是一草一木，甚至連國土都能成佛的概念。在此反映出剛才提到的木雕佛概念。

如此想來，在日本的宗教裡，神道自是無需贅言——因為神道本來就是森林的宗教，連佛教也可說變成樹木與森林的宗教了。換句話說就是：在日本，佛教從原本以人為主的宗教，轉化成森林的宗教。

有關森林宗教的思想，長久以來，我做了相當多的思考。最近得到的結論是：森林宗教的思想內涵為一切眾生的生命都是共通的，並且一切眾生都能成佛。

遑論動物、植物，甚至連山脈、河川都能成佛。而且，不僅成佛，一切眾生也都在生死之間無限循環。一切眾生都會死亡，然後重生。如何重生？就是變成子孫回到世間。昆蟲活一年，第二年死了，還會有子孫誕生，回來。蜻蜓和蟬亦如是。人也是這樣。一切又一切的眾生都在生死之間永恆循環。

我們死後靈魂會離開肉體，到彼世去——大概就是山上或天空吧，先在那裡停留一段時間，和之前過去的祖先們一同生活著。你們聽仔細了喔！很快地，我也得過去那裡了（笑），先我而去的父母住在那兒，我好想見他們喲！此外也有很多想見的人。那個世界並不壞，我會先在那邊待一陣子，等到盂蘭盆節或彼岸節時回來這裡看一下。大概待個三天吧！待太久會給人添麻煩，所以三天就到彼世去。這是基本禮貌（笑）。然後，等到有朝一日變成子孫了，再重新轉世回到人間。這就是日本人的信仰。

因此，老年期就是為了他日重返人間的準備階段。所以應該安享晚年才是。此時心態若有扭曲，未來恐怕很難投胎轉世回來（笑）。

要是我們把資源消耗殆盡，繼續不斷地砍伐樹木，若把地球摧殘得體無完膚，那麼，等到死後要投胎時，地球恐怕也不能住人囉！這情況一定要避免。所有的事物都會一再循環。

芭蕉以「日月猶百代之過客，如來去之旅人」來表達這種觀念。他對日本人的世界觀知之甚詳。這種觀念指出日月、星辰、宇宙皆是旅人，萬事萬物都會把永恆的精神傳承下去。太陽也是如此；太陽也會死，然後，到了早上又再復甦。因此，太陽也是神，我們都會敬拜旭日。這也是舊石器時代以來人類的世界觀。

然而現在如何？自然環境嚴重且急遽地遭到人為的破壞。舉例來說，歐洲當前最大的問題就是「森林的滅絕」。德國的黑森林⑥有百分之五十已經死滅，而且這問題還是現在進行式。原因來自廢氣排放和酸雨。德國目前正在為東西德的統一而歡欣鼓舞，但德國作家麥克・安迪卻提出警告：德國經濟力愈強，環境破壞就愈大。最終，將會導致地球的毀滅。我也贊成他的說法。

最近我去了加拿大，發現到處都是大樹被砍伐後所剩的殘株。這大約是一百多年前白人的所作所為。原住民守護了幾千年的大自然，轉瞬間就被毀滅了。如今，加拿大政府已承認錯誤，轉而學習一切事物都在自然中永生循環的原住民思想。

而森林文明的基本概念就是「生命同一性」。事實上，這已被高度發展的自然科學證實。現代的生物化學發現了DNA，得知不論人類、動物或植物都有DNA。這是生命同一性的最佳證明，也代表舊石器以來的觀念獲得科學的實證。人類的生死是反覆不斷的；個體會死亡，遺傳基因卻永恆不滅。這就是人類的永生。遺傳學也驗證了人類永生的事實。

所以，我們應該尊重動植物的生命，也必須尊敬天地與自然，並尋求

⑥黑森林（德語：Schwarzwald）是德國最大的森林山脈，位於德國西南部的巴登—符騰堡州。

能與天地、自然、動物、植物共榮共存的方法。我想，這就有賴人類的智慧了。

人類也有不宰殺動物、不砍伐植物就無法生存的時候。但是，樹木不僅是信仰的對象，也對人類的生存最有貢獻。因此，不管是砍伐樹木也好，宰殺動物也罷，奪取的都是同樣寶貴的生命，故務必要鄭重把他們的靈魂送到彼世，也就是送回另一個世界去。之後，還必須請樹木或動物再回到這個世間來。我認為現在正是應該尋回這種宗教的時刻。

因此，有關神木的問題也是一樣。並非因為神木珍稀才須引發正視，而是應該進一步思考日本人或全人類思想根源裡的東西。若問人類生存的終極意義為何？我認為亟需認知的事實是：動植物同為生命，萬事萬物都在此世與彼世間不斷循環、永恆共生。

我想，只有在這種思想浸潤心靈深處時，人類才有可能長遠存續。否則，只怕我們的未來不長了。大樹的問題與文明的根本有著深刻的相關性，以大樹為中心的街廓設計，必須正視二十一世紀所要面對的課題。

（本文由一九九〇年十月佐賀縣武雄市「大樹的故鄉研討會」〔武雄市・椎葉村聯合舉辦〕之主題演講記錄整理而成）

出處一覽

第一章／〈日本的宗教——了解日本的文化〉收錄於《創造的世界》第六七號（一九八八年八月，小學館）。原題「日本的宗教——永遠的輪迴」。

第二章／〈印度思想與日本文化〉本文由一九八八年二月，於新德里舉辦之英迪拉・甘地（Indira Priyadarshini Gandhi）紀念財團研討會的演講記錄增筆而成。講題為「印度思想對日本文化的影響」。

第三章／〈面對三大危機——二十一世紀世界與佛教的角色〉收錄於《創造的世界》第七六號（一九九〇年十一月，小學館）。原題「二十一世紀的世界與佛教的角色」。

第四章／〈拯救人類的「森林思想」〉收錄於《創造的世界》第七八號（一九九一年四月，小學館）。原題「拯救地球的『森林思想』」。

第五章／〈從人類的宗教到森林的宗教〉收錄於一九九一年三月號《綜合教育技術》（小學館）。原題「森林的文化」。

後記

我從一九八七至一九九〇年在各地的演講所整理而成的，就是這部《日本的森林哲學》。編輯方面勞煩了小學館京都編輯室的前芝茂人先生，而且書名也是依他建議取的。

近年來備受關注的環境議題在本書裡有不少的討論。其實，二十多年前開始，本人就一直關心這個問題。從學生時代起，我就意識到近代思想的侷限，也指出人類與自然關係概念的謬誤。因此，當田中角榮①的「日本列島改造論」風靡一世之際，我就曾提出嚴正的警告：「日本列島改造論」將會招致環境破壞，把日本變成公害之國。

結果確實變成我所警告的那樣。同時，我也納入日本宗教、思想議題，一併深入地思考。

不過，我並未系統性地書寫這類議題。一直以來我都想著：不久的將來，我要在「人類的哲學」（暫定）裡對此問題做徹底的研究，但如今這本《日本的森林哲學》應該已經明白闡述我的看法了。

此外，本書也收錄了我在印度、韓國、加拿大的演講。這絕非日本一國之事，而是二十一世紀全人類必須共同面對的課題。

一九九五年一月

梅原　猛

①田中角榮（1918 - 1993），日本政治人物，第六十四、六十五屆首相。

內容簡介

像森林一樣思考的日本文化

日本國土有六七％為森林，為世界進步國家中森林面積最多者，而森林的存在亦深深主導著日本人的世界觀。本書從日本文化的起源「繩文文化」談起，追溯日本人靈魂深處的森林思想，以愛奴世界觀與沖繩世界觀解釋日本神道的核心，並論及神道在七、八世紀律令國家及十九、二十世紀近代國家時期的變革，而溯其源頭，皆源於對森林的崇拜，即原始民族的自然崇拜。

西元六世紀佛教輸入日本後，更左右了神道的發展方向，除受到中國、韓國與印度佛教的影響，更確立了主張眾生平等的日本基層文化——人與自然的平等、統一與再生，並創立天台本覺論的獨特思想，提倡「草木國土悉皆成佛」的觀念，揭示自然中心佛教理想的方向。

然而，這樣的觀點在一萬年前人類進入農耕畜牧文明後即發生不可逆的質變，以「征服自然」為最高價值的文明路徑，經過十八、十九世紀工業革命洗禮，發展至二十一世紀，已導致人類不得不面對三大危機：核戰的危機、環境破壞的危機、精神崩潰的危機。針對瀕臨崩壞的社會秩序，作者亦對馬克思與尼采的哲學思想提出解釋與釐清。

作者指出，文明其實建立在人類對於森林的鯨吞蠶食。每當一個文明崩壞，人類就往下一個仍有森林的地方去。為了創立新的文明，便毀滅另一片森林。他認為人們必須把文明的原理、即以支配自然為善的概念，轉換成與自然共生的思想，不以個人為中心，而以物種為中心；找回永恆的生死循環觀念。在自然已被人類征服的現今，以人為中心的文明發展已不得不踩煞車，並應受到全面性的批判，否則文明的再生就絕無可能。

作者梅原猛專研日本神道與佛教，並擴及歷史與人類學範疇；其思想以宗教與藝術為主軸，鎔鑄東洋與西洋哲學，最終邁向日本文化的整體研究。全書以作者自一九八七至一九九〇年代於日本、印度、韓國、加拿大等地演講記錄輯成，觀點細緻，面向多元，為解讀日本民族社會與其世界觀所必讀。

作者簡介

梅原 猛 Umehara Takeshi

日本當代哲學大師，主要研究日本古世紀文化。著作等身，其學問被稱為「梅原古代學」、「梅原日本學」。

一九二五年（大正十四年）生於仙台，長於愛知縣知多郡。京都大學文學院哲學系畢業。曾任立命館大學教授、京都市立藝術大學校長、國際日本文化研究中心首任所長、技師大學（Institute of Technologists）校長等職，以及東日本大震災復興構想會議特別顧問。

一九七二年以《隱匿的十字架：法隆寺論》（新潮社）獲第二十六回

每日出版文化賞。一九七四年《水底之歌：柿本人麻呂論》（上下卷，新潮社）獲第一回大佛次郎賞。一九九九年獲頒日本文化勳章。多年來持續探索並深化具有人類普遍性之哲學思想。

主要著述有《梅原猛著作集》（全二十卷，小學館）、《破解親鸞「四大謎團」》（新潮社）、《人類哲學序說》（岩波新書）、《地獄的思想》（中公文庫）、《梅原猛的「歎異抄」入門》（PHP新書）、《梅原猛的佛教課：法然・親鸞・一遍》（PHP Editors Group）等。另，執筆《日本武尊》、《吉爾伽美什》、《小栗判官》等戲曲。

譯者簡介

徐雪蓉

政大東語系日語組畢業。輔大日研所碩士，比較文學博士班肄業。曾任教輔大日文系十年。編有《日語諺語・慣用句活用詞典》，譯有福澤諭吉《勸學》、柳田國男《遠野物語・拾遺》、谷崎潤一郎《刺青》（合譯）等。

國家圖書館出版品預行編目(CIP) 資料

日本的森林哲學/ 梅原 猛著；徐雪蓉譯 -- 二版 --
新北市：立緒文化, 民111.03
面； 公分. --（新世紀叢書；232）
譯自：森の思想が人類を救う

ISBN 978-986-360-187-6（平裝）

1. 宗教 2. 文集

207 111002036

日本的森林哲學（2022 年版）

森の思想が人類を救う

出版——立緒文化事業有限公司（於中華民國 84 年元月由郝碧蓮、鍾惠民創辦）
作者——梅原 猛
譯者——徐雪蓉

發行人——郝碧蓮
顧問——鍾惠民

地址——新北市新店區中央六街 62 號 1 樓
電話—— (02) 2219-2173
傳真—— (02) 2219-4998
E-mail Address —— service@ncp.com.tw
劃撥帳號—— 1839142-0 號 立緒文化事業有限公司帳戶
行政院新聞局局版臺業字第 6426 號

總經銷——大和書報圖書股份有限公司
電話—— (02) 8990-2588
傳真—— (02) 2290-1658
地址——新北市新莊區五工五路 2 號
排版——菩薩蠻數位文化有限公司
印刷——尖端數位印刷有限公司

法律顧問——敦旭法律事務所吳展旭律師

分類號碼—— 207
ISBN —— 978-986-360-187-6
出版日期——中華民國 105 年 3 月初版 一刷（1 ～ 2,500）
中華民國 111 年 3 月二版 一刷（1 ～ 800）

[SHINPAN] MORI NO SHISO GA JINRUI WO SUKUU

定價◎ 380 元（平裝）

大都文化 閱讀卡

姓　名：

地　址：□□□

電　話：(　　)　　　　　　傳 眞：(　　)

E-mail：

您購買的書名：＿＿＿＿＿＿＿＿＿＿＿＿＿＿＿＿＿＿＿＿＿

購書書店：＿＿＿＿＿＿市（縣）＿＿＿＿＿＿＿＿＿＿書店

■您習慣以何種方式購書？

□逛書店 □劃撥郵購 □電話訂購 □傳真訂購 □銷售人員推薦
□團體訂購 □網路訂購 □讀書會 □演講活動 □其他＿＿＿＿

■您從何處得知本書消息？

□書店 □報章雜誌 □廣播節目 □電視節目 □銷售人員推薦
□師友介紹 □廣告信函 □書訊 □網路 □其他＿＿＿＿＿＿＿

■您的基本資料：

性別：□男 □女　婚姻：□已婚 □未婚　年齡：民國＿＿＿年次

職業：□製造業 □銷售業 □金融業 □資訊業 □學生
□大眾傳播 □自由業 □服務業 □軍警 □公 □教 □家管
□其他＿＿＿＿＿＿＿＿＿＿＿＿＿＿＿＿＿＿＿＿＿

教育程度：□高中以下 □專科 □大學 □研究所及以上

建議事項：

愛戀智慧 閱讀大師

廣 告 回 信
北區郵政管理局登記證 北臺字8448號
免 貼 郵 票

立緒文化事業有限公司 收

新北市 231

新店區中央六街62號一樓

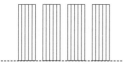

請沿虛線摺下裝訂，謝謝！

立緒文化 閱讀卡

感謝您購買立緒文化的書籍

為提供讀者更好的服務，現在填妥各項資訊，寄回閱讀卡（免貼郵票），或者歡迎上網http://www.facebook.com/ncp231 即可收到最新書訊及不定期優惠訊息。